JEAN PHILIPPE ROSIER
2x TEDx speaker e sócio da Perestroika

CRIATIVIDADE HACKEADA

o guia para você desenvolver seu pensamento criativo

CITADEL
Grupo Editorial

2025

Criatividade hackeada

1ª edição: Setembro 2025

Autor:
Jean Philippe Rosier

Preparação de texto:
Magno Paganelli

Revisão:
Daniela Georgeto
Rebeca Michelotti

Projeto gráfico:
Luisa Tavares

Capa:
Dimitry Uziel

Impressão:
Plena Print

DADOS INTERNACIONAIS DE CATALOGAÇÃO NA PUBLICAÇÃO (CIP)

Rosier, Jean Philippe.
Criatividade hackeada : o guia para você desenvolver seu pensamento criativo / Jean Philippe Rosier. – Porto Alegre : Citadel, 2025.

240 p.

ISBN: 978-65-5047-639-7

1. Criatividade 2. Desenvolvimento profissional 3. Carreira
I. Título

25-2397 CDD - 153.5

Angélica Ilacqua - Bibliotecária - CRB-8/7057

Produção editorial e distribuição:

CITADEL
Grupo Editorial

contato@citadel.com.br
www.citadel.com.br

À minha mãe, base e porto seguro pelo seu apoio incondicional.

Ao meu pai, exemplo vivo de que acreditar e se dedicar vale a pena.

À minha irmã, parceira de sempre.

E à minha esposa, que segurou as pontas e caminhou ao meu lado em cada etapa.

SUMÁRIO

PRÓLOGO

Definitivamente, as melhores conversas se iniciam sempre da mesma forma: as pessoas se apresentando. Isso soa um tanto óbvio, mas sinto que temos nos esquecido disso. Seja a dita "formalidade" apenas saber o nome da outra pessoa ou onde nasceu, ou a sua profissão, ou a não profissão, sua comida favorita, se é mãe ou pai, se está cansado, empolgado ou atrasado, se está com calor ou frio.

Saber algo sobre o outro eleva o patamar até da condenada – e, a meu ver, subestimada – *small talk*, a conversa vaga de elevador sobre a chuva insistente ou o trânsito caótico, que em muitos casos (quando bem aproveitada) vira um novo negócio ou um casamento acertado. Em resumo: estabelecemos um nível elevado de conexão quando nos (re)conhecemos no outro.

Dito isso, quero me apresentar antes de começar este livro. E tenho a intenção de que você também se apresente – para mim ou, ainda melhor, para o mundo! – a partir do que esta leitura despertar aí dentro.

Sou Jean Philippe Rosier, de nome francês, mas com DNA brasileiro. Nasci em Porto Alegre. Da França, tenho dois avós (que fizeram suas passagens quando eu ainda era muito pequeno) e uma experiência incrível dos quatro aos oito anos de idade. Morei com minha família em Bordeaux e, depois, nos mudamos para Videira, no interior de Santa Catarina. Uma ponte aérea nada convencional, guiada pelo meu pai, que foi à França para um doutorado em enologia e então retornou ao interior do Brasil para assumir um cargo em uma empresa pública ligada à pesquisa agropecuária.

Aos dezesseis anos, voltei à minha cidade natal para estudar. Passado algum tempo, muita coisa aconteceu – grande parte resultou neste livro – e hoje vivo em Portugal, na praia de Cascais, com as três pessoas mais importantes da minha vida: Rafaela, minha esposa, Catarina e Benjamin, nossos filhos queridos, e Rui, nosso fiel companheiro de quatro patas.

Quando Benjamin nasceu, minha vida mudou completamente (e aqui você não leu nada criativo; a transformação a partir da paternidade é algo que sinto como um movimento invariável).

Sou o pai babão que fica tirando foto no hospital com muita vontade de chorar. Tornei-me o pai que mostra fotos do guri em tom orgulhoso: “Olha ele no balanço! Aqui no primeiro dia de escola... aqui, com o mano dele, o Rui...”.

Esta foto é sacanagem... Benjamin tinha uns dois meses e Ruizinho foi se chegando. Primeiro deitou a cabeça nos pés dele e depois se acomodou na barriga (e aqui está o pai babão, prazer! :D)

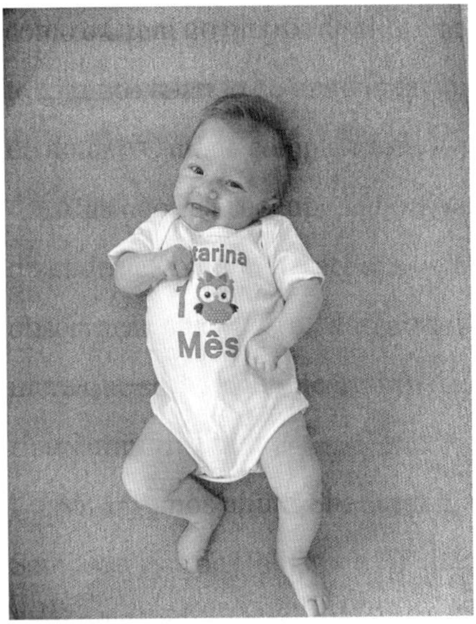

Mas, antes que este livro se torne um álbum de pai-coruja (que seria uma obra infinita, pois a Catarina chegou no dia 27 de novembro de 2023 e já tenho milhares de fotos dela), quero apresentar um pouco da minha trajetória profissional.

Desde 2009 trabalho com educação – tema pelo qual sou apaixonado –, sendo professor, palestrante e facilitador de workshops criativos, no Brasil e em outros países. Sou sócio da Perestroika, escola de metodologias criativas, e cofundador da Peres IN e Peres ON, a primeira, o nosso braço *in company*, e a segunda, a nossa plataforma de cursos on-line.

Tive o prazer de palestrar duas vezes no TED – uma em Madri, em 2017, e a outra para o TEDx Católica Lisbon, em 2020. Em cada uma dessas oportunidades, o desafio foi enorme. Na primeira participação, falei sobre educação, com uma provocação: devemos levar o processo educacional menos a sério? (Calma, vem comigo que no livro eu explico.)

O segundo TEDx foi em meio à pandemia. Falei sobre o que, na minha visão, é o novo superpoder: adaptação intencional, algo que definitivamente precisamos desenvolver hoje e no futuro que nos atropela.

Em 2023, fui convidado para estar no palco Creatiff do maior evento de inovação e tecnologia do mundo, o Web Summit. Foi em maio, no Rio de Janeiro. Angelica Mari, jornalista da *Forbes*, que assistiu ao painel do qual participei com pessoas que admiro muito, entrou em contato comigo para fazer uma reportagem sobre os negócios em que estou envolvido e a minha trajetória profissional. Naquele momento, eu tinha 110 páginas deste livro prontas. E, então, tive mais certeza de que queria compartilhar com o máximo de pessoas que pudesse o que aprendi até aqui.

Em termos de desenvolvimento e capacitação profissional, decidi seguir um caminho fora do tradicional. Com o diploma de Publicidade e Propaganda pela ESPM em mãos, resolvi estudar na Kaos Pilot, uma escola na Dinamarca, onde fui o primeiro brasileiro a participar do curso "How to create learning spaces" ("Como criar espaços de aprendizagem"). Éramos vinte professores de doze nacionalidades, trocando, criando e compartilhando novas formas de ensinar e aprender. Foi uma experiência transformadora para a minha carreira, principalmente porque me ajudou a ressignificar a forma como eu via a educação e, assim, moldar minha visão sobre criatividade.

Depois, fui em busca de quatro certificações que considero um tanto inusitadas:

1. **LEGO SERIOUS PLAY:** metodologia criada dentro da LEGO para desenvolvimento de estratégias de negócios usando (adivinhe!) Lego. Realmente incrível!
2. **HOLACRACIA:** uma nova forma de as organizações se organizarem. Parece redundante, mas é isso mesmo. A ideia da holacracia é quebrar a estru-

tura padrão de se trabalhar nas empresas e criar uma estrutura mais circular, aberta e colaborativa. Na lógica da holacracia, não existem chefes, organogramas ou cargos. As pessoas têm papéis definidos e fazem parte de diferentes círculos dentro da empresa. Isso dá mais autonomia e liberdade para cada indivíduo. Um conceito muito bonito na teoria, porém difícil e complexo para se colocar em prática. Trabalhamos diversas adaptações para conseguir implementar na Perestroika e me fez, de fato, entender a importância de elaborarmos ambientes abertos e criativos dentro das organizações.

3. **SEARCH INSIDE YOURSELF:** programa que nasceu dentro do Google, que combina liderança, mindfulness e neurociência. Muitos dos aprendizados que trago sobre neurociência neste livro vieram dessa formação extremamente disruptiva em autoconhecimento e ferramentas cotidianas para o bem-estar da mente.
4. **HYPER ISLAND:** escola da Suécia, voltada a pessoas e negócios, que trabalha com experiências de aprendizagem. Fiz o curso Liderança Facilitadora, que me ajudou a entender como criar ambientes criativos, e que me trouxe conceitos inspiradores a respeito da liderança contemporânea (que, claro, vou compartilhar aqui também).

Além disso, estou concluindo uma pós-graduação em Neurociência Aplicada: Produtividade e Performance Humana, na PUC-PR, com professores como Yuval Harari, Dr. Patch Adams, Anna Lembke, Clóvis de Barros Filho, entre outros grande profissionais e pensadores.

Esses são certificados que valem muito mais do que um *name dropping* no currículo. Faço questão de falar sobre esses cursos em minha trajetória porque: 1. quero incentivar você a fazer também – não necessariamente esses, mas quaisquer cursos que aprimorem a sua visão sobre si e sobre o mundo, constantemente; 2. é um resguardo que ajuda a validar a ousadia de escrever um livro sobre criatividade – não corrobora que eu seja um "especialista em criatividade", apenas mostra um pouco do meu empenho no processo trabalhoso que é a busca pela criatividade (algo que por si já a desperta).

E é disso que venho falar aqui. Não quero ditar regras, nem tenho a audácia de querer me tornar um herói da criatividade global. Quero somente iniciar uma boa conversa sobre um tema que até parece tabu, de tão melindrosos que somos – e como, cada vez mais, estamos – ao sermos atropelados por robôs mais eficientes (e criativos?) que nós, humanos.

Gosto muito dessa foto. Porque não estou no carnaval, nem na festa de aniversário da minha prima: estava dando aula. E para adultos.

Por que gosto dela? Porque valorizo a subversão. Acredito que a maneira como estamos acostumados a consumir conteúdo e aprender novos conhecimentos precisa mudar.

No TEDx Madri, do qual participei, insisto na pergunta "Por que tão sério?". Respondo aqui: a vida é muito curta para nos levarmos a sério. E acho que a criatividade deve partir desse lugar.

Sabe o que é melhor nisso tudo? Existem pesquisas científicas que demonstram que, toda vez que incluímos metáforas e piadas para descontrair e promover um ambiente leve e divertido, em qualquer situação, aumentamos o nosso potencial cognitivo. Logo, aprendemos mais e melhor e, consequentemente, criamos mais e melhor.

É a partir dessa forma de ver o mundo, dessa hashtag "why so serious", que venho construindo experiências criativas, liderando workshops de criatividade para marcas como Google, Unilever, LinkedIn, Oracle, Facebook, Ambev, Nike, Red Bull e muitas outras. Com conteúdo, experiência e profundidade, mas sem abandonar a diversão, a ludicidade e a leveza.

E, antes de irmos adiante, deixo quatro pontos importantes para você tirar o máximo de proveito desta leitura.

- **CONTEÚDO DO LIVRO:** o que você vai ler vem de pesquisas científicas e de conhecimentos que fui desenvolvendo de forma empírica ao longo das minhas experiências, tanto em educação quanto na temática da criatividade. Estudei, criei, testei, errei e acertei; teorias, histórias, conceitos, frameworks; fiz inúmeros exercícios, aulas, workshops, palestras. E a única pretensão que tenho com isso está no próximo tópico.
- **QUE VOCÊ APROVEITE:** certa vez ouvi de um professor de Stanford que "você nunca vai cavar um novo buraco cavando o antigo ainda mais". Aplicado a este livro, o conteúdo só vai mexer com você se você permitir. Insistir nas mesmas práticas e não ter abertura para novas atitudes certamente impedirá você de sentir qualquer impacto na leitura. Abrir-se a diferentes posturas demanda esforço e dedicação. Se você fizer os exercícios que

proponho, levar os desafios a sério e mergulhar no tema com disposição de mudar seus hábitos e modelos de pensamento, eu garanto que alguma coisa você irá sentir.

→ **EXPERT EM CRIATIVIDADE:** para nos tornarmos uma autoridade em qualquer campo de atuação, geralmente precisamos de dez anos de trabalho intenso. Quanto mais informação armazenada você tiver, maiores serão as chances de combiná-las e obter novas ideias. Se esse for o primeiro livro que você lê sobre criatividade, provavelmente a sua evolução será grande, mas você ainda estará longe de terminar a leitura sendo um expert no assunto. Se você já vem estudando o tema há algum tempo, terminará a leitura com mais ferramentas, mas, ainda assim, o trabalho não poderá parar. Com isso, eu quero combinar com você que a criatividade não tem um interruptor de liga e desliga. Ser uma pessoa criativa está relacionado ao modo de ver o mundo, de responder e se envolver com ele. Ser criativo é um estilo de vida.

→ **OLHE PARA A FRENTE, NÃO OLHE PARA O LADO:** quando o assunto é criatividade – tão subjetiva e abstrata –, é complicado garantir um resultado específico. Por isso, tente não se comparar com as pessoas à sua volta de acordo com o potencial criativo de cada uma delas. A disputa, nesse caso, é interior, é consigo. Você precisa querer ser melhor do que era antes, e não mais criativo do que seu vizinho ou sua colega de trabalho. A única maneira de conseguir evoluir é se comparando com a sua versão anterior.

Alinhamentos feitos, estamos prontos para começar!

CAPÍTULO 1

VOCÊ SE CONSIDERA UMA PESSOA CRIATIVA?

Para seguir ao próximo capítulo, você precisa se convencer do "sim".

O ano era 2010. O momento, uma terça-feira de março – fria, com toda a coerência de um final de verão no Sul do Brasil.

O mundo estava vivendo o início da segunda década do especulado século 21. Não estávamos nos locomovendo por carros voadores (ainda) e não tínhamos virado humanoides (idem). Os Estados Unidos começavam a respirar depois de três anos de forte crise – que, logicamente, reverberou em nível global, em se tratando da maior economia do mundo. E o país via, naquele ano, a China chegando mais perto ao se consolidar na segunda posição de maior potência mundial. O Instagram estava nascendo e o Facebook se firmava como a maior rede social do mundo (onde permanece, apesar do barulho do TikTok, este ainda em quinto no ranking). Tínhamos só um ano de WhatsApp e cinco anos de YouTube – que, em

2010, lançava o botão de curtidas nos vídeos e ensaiava o streaming, já estremecendo as bases tradicionais da Indústria Cultural.[1]

Já o meu momento era de calouro de Publicidade e Propaganda. Naquela manhã fria de março de 2010, eu estava sentado na sala de aula em uma renomada universidade de comunicação brasileira. Era a primeira aula de Marketing, quando o professor perguntou:

– POR ACASO ALGUÉM AQUI NÃO SE CONSIDERA CRIATIVO?

Eu fui a única pessoa a levantar a mão. Meio tímido, mas internamente seguro de que eu não era uma pessoa criativa.

Passaram-se treze anos e essa autopercepção mudou. Isso pode soar um tanto óbvio, afinal, este livro é sobre criatividade e há alguns anos dou aulas sobre o tema para profissionais e em empresas. Também pode soar soberbo, afinal, a criatividade é um ativo muito valorizado (naturalmente e cada vez mais). Mas tenho dois pontos cruciais para esclarecer em relação a isso:

- Ter a coragem de se considerar uma pessoa criativa é justamente a ignição do despertar criativo.
- A criatividade não é um privilégio. É uma ferramenta humana inerente a todos.

1. Termo cunhado por Theodor Adorno (1903-1969) e Max Horkheimer (1895-1973) no livro *Dialética do Esclarecimento* (Nova York: Verso Books, 1944). Refere-se à produção de bens culturais voltados à "sociedade de massa", como definiram.

Preciso considerar o privilégio social e econômico de ser um homem branco cis no mundo atual – o que, sim, conta muito. Mas não sou um ser "privilegiado" pelo "dom divino" da criatividade.

O que quero dizer é que a ativação criativa está no DNA humano. Todos somos criativos. Ou melhor: já fomos e podemos voltar a ser. A evolução da humanidade está calcada na busca constante por novas formas, insumos, linguagens, processos etc., em todas as áreas e aspectos da vida, para facilitar a vida. Faz total sentido. E, por isso, acredito fortemente que é possível despertar em si esse recurso infinito. Para tal, as condições – psíquicas, sociais, culturais, econômicas e políticas – de cada indivíduo impactam com força. E, inclusive, crueldade.

Justamente por isso, é importante nos abastecermos de métodos que ajudem, cotidianamente, a ativar, diante dos bloqueios históricos e insistentes, nossa força criativa interna e, consequentemente, coletiva – algo fundamental para a retroalimentação do poder criativo.

Ser criativo sozinho não se sustenta, porque a criatividade depende da diversidade, tanto das suas vivências pessoais quanto das experiências de diversas pessoas com as quais você interage.

Inclusive, quero começar provando que a leitura deste livro será diferente dos padrões.

Por isso, convido você a pegar um lápis ou uma caneta e preencher a linha a seguir como se ela fosse uma linha do tempo da sua vida. Do lado esquerdo você verá o número zero; convido você a inserir do lado direito sua idade atual.

Depois, preencha a linha do tempo com alguns fatos marcantes da sua vida. Por exemplo, quando eu tinha quatro anos, fui morar na França, o que foi um fato marcante. Aos 16, me mudei para Porto Alegre, onde deixei a casa dos pais e fui morar com a minha irmã e estudar em uma escola melhor.

Quando completei 21 anos, fui em busca do meu sonho de surfar na Austrália e acabei fazendo um trainee na França antes disso. Aos 26, perdi minha prima de apenas 19 anos para uma doença muito rara. Dois meses depois de completar 35 anos, Benjamin nasceu. E assim por diante.

MINHA LINHA DO TEMPO:

0

4 – Ir para a França

16 – Fui morar "sozinho" em Porto Alegre para estudar

21 – Trainee e surfar na Austrália

26 – Falecimento da minha prima

35 – Nascimento do Benjamin

SUA LINHA DO TEMPO:

0

Sugiro que você pare por um momento a leitura e preencha sua linha do tempo. Isso será importante para marcar o início da sua jornada neste guia/livro.

Agora pare a leitura por dez segundos, feche os olhos, respire fundo e pense quem foi a pessoa que mais o ajudou profissionalmente até hoje.

Talvez você tenha ficado feliz, talvez tenha ficado surpreso ao pensar nessa pessoa. Pode ser, inclusive, que você não tenha gostado do fato de essa pessoa específica ter vindo à sua memória. Isso é normal. Mas uma coisa é certa, ela não veio à sua lembrança por acaso; algo deve ter acontecido, consciente ou inconscientemente, para ela ter sido lembrada subitamente.

Muito bem, agora descreva (de forma abreviada), nas linhas a seguir, uma situação que você viveu com essa pessoa e que foi importante para você.

Sempre uso este exemplo do meu sócio, que um dia me chamou à frente da turma para apresentar o mapa conectivo (uma ferramenta que desenvolvemos para os alunos criarem conexões entre as aulas). Na época, eu participava apenas do backstage dos cursos da Perestroika. Ou seja, cuidava da parte operacional, desenvolvia os programas, montava os arcos de aprendizagem, mas nunca aparecia durante o show (sim, encaramos as aulas da Perestroika como shows).

Mas, do nada, naquele dia, ele resolveu me chamar na frente, segundo ele, para que eu pudesse vivenciar aquela experiência. E foi feito de forma equilibrada, afinal, ele não me "jogou aos leões", dizendo: "Vem cá e apresenta sozinho" – o que, possivelmente, seria traumático para mim. Ele me chamou para estar junto dele, contando com seu suporte e apoio caso algo desse errado. É possível que, ao ler isso, você ache essa atitude muito simples – e eu concordo com você –, mas está longe de ser uma atitude simplória.

Foi um divisor de águas para a minha carreira.

Aquela experiência me fez sentir o gostinho de estar à frente de um grupo, sentir o frio na barriga e, ao mesmo tempo, a sensação de estar crescendo, me desenvolvendo.

Aos poucos fui me sentindo mais confortável, até que, um dia, lá estava eu, sozinho, apresentando o mapa conectivo, e depois dando uma aula de quinze minutos, depois uma de trinta, depois outra de uma hora, até chegar a liderar um curso inteiro sozinho.

Em outras palavras, não se preocupe por pensar em algo sobrenatural; apenas tente lembrar de algo que foi marcante para você.

NOME DA PESSOA: ______________________________

SITUAÇÃO MARCANTE:

____

____

____

____

____

Agora, vamos à última etapa desse desafio. Pegue seu celular e envie uma mensagem para a pessoa da qual você se lembrou, dizendo apenas: “OBRIGADO”. Para as mulheres, “OBRIGADA” :).

– Ahhh, mas, Jean, nunca mais falei com essa pessoa, faz tanto tempo que não temos contato.

Se for esse o seu caso, melhor ainda. O importante é enviar a mensagem.

Não espere por uma resposta, não anseie por nada, apenas faça como um gesto de gratidão.

Aproveito para provocar você com uma pergunta: você já fez algo parecido por outras pessoas? Se sim, parabéns. É sobre isso. Se não, ainda dá tempo. Imagine que legal se, daqui a alguns anos, você estiver trabalhando e do nada receber uma mensagem dizendo: OBRIGADO.

Muito bem, agora você está pronto(a) para começar essa jornada.

Que bom que você está aqui.

AFINAL, O QUE É CRIATIVIDADE?

Sempre que participo de entrevistas ou painéis sobre o tema, essa pergunta é feita.

– O que é criatividade?

E ela vem seguida de suas variações:

– Criatividade é um dom?

– Qual a sua definição de criatividade?

– Como medir a criatividade de alguém? E a minha?

É evidente que existe uma aura misteriosa em torno da criatividade. Diria que é uma mística capitalista que, atravessada por incontáveis nuances, define o que é belo e caro no mundo contemporâneo.

Mas você já se perguntou por que essa mentalidade existe?

Um dos consensos da literatura sobre o tema responde a essa inquietude através da história do pintor, artista e escultor italiano Michelangelo (1475-1564). Refiro-me mais especificamente à descrição sobre ele, feita por Giorgio Vasari, um dos biógrafos mais relevantes da Renascença italiana. No livro de 1550, ele descreveu Michelangelo como "o divino Michelangelo Buonarroti" e "seu diviníssimo engenho, mediante a indústria, o desenho, a arte, o juízo e a graça".[2] Assim, Vasari contribuiu para a consolidação da ideia de que o talento é uma dádiva de Deus, concedida a poucos privilegiados.

E a criatividade, que é um valor intrínseco a um artista, passou a ser enquadrada cada vez mais como um dom divino. Este consiste no primeiro registro da criatividade sendo tratada a partir de um viés sobrenatural.

Com o tempo, a cultura ocidental cristã consolidou a ideia de que ser criativo era sinônimo de possuir um dom ou genialidade.

Mas, afinal, o que é ser genial hoje? O que é ser criativo?

Vasari estava em seu total direito de ovacionar Michelangelo. Ele realmente é uma obra divina (qualquer que seja o deus de cada um na conversa). Mas essa romantização do talento e da criatividade não conversa com os novos tempos.

Porém, se criatividade não é um dom divino, o que ela é?

Uma das melhores definições de criatividade vem de Sir Ken Robinson, autor, palestrante e nomeado cavaleiro da Rainha da Inglaterra em 2003. Ele vem, quatrocentos anos depois de Giorgio Vasari, atualizar o conceito, ao dizer: "Criatividade é o processo de ter

2. Tradução contida na dissertação de mestrado *A vitória de Michelangelo no certame de Giorgio Vasari*, de Rita de Cassia Batista de Oliveira – Programa de Pós-graduação em Filosofia, FFLCH-USP, São Paulo, USP, 2009.

ideias originais que tenham valor". Nesse sentido, para algo ser considerado criativo, não basta ser novo ou original. Precisa ter algum valor. Esse conceito traz um entendimento mais coerente e aplicável no mundo de hoje.

Segundo Jason Silva, renomado por seus vídeos inspiradores, "criatividade vem *por* você, não *de* você". O que ele quer dizer com isso é que esse "dom" não é extrínseco. Ele independe de vontade divina ou individual. Ele existe em nós. Basta ativá-lo.

Para Brewster Ghiselin (1903-2002), poeta norte-americano, a criatividade "é o processo de mudança, de desenvolvimento e de evolução na organização da vida subjetiva".

O autor de *O processo criativo*, já na década de 1950, transbordava o conhecimento catedrático sobre a pauta. Como revela a data de seu nascimento e morte, inserida mais como burocracia (na qual você pode ter passado o olho sem calcular; tomara que minha presunção esteja errada, mas falarei mais sobre isso), ele viveu 99 anos! E conseguiu entrar melhor no conceito de criatividade quando o trouxe diretamente ligado a responsabilidade. Ou seja, não precisa ser algo concreto, está ligado também ao intangível.

Já para Fayga Ostrower, autora do livro *Criatividade e processos de criação*, criatividade é um potencial inerente ao homem, e a realização desse potencial é uma de suas necessidades. Segundo ela, "criar é, basicamente, formar. É poder dar uma forma a algo novo". Em qualquer que seja o campo de atividade, trata-se, nesse "novo", de novas coerências que se estabelecem para a mente humana, fenômenos relacionados de modo novo e compreendidos em termos novos. O ato criador abrange, portanto, a capacidade de compreender; e esta, por sua vez, a de relacionar, ordenar, configurar, significar.

Portanto, criatividade é o que nos faz evoluir. Seja como indivíduos, sociedade, empresa ou profissional.

Agora que compartilhei algumas definições, vou confessar algo. De uns tempos para cá, sempre que me pedem a definição de criatividade, fico um tanto incomodado e explico o porquê: nós, seres humanos, somos extremamente racionais, o que é bom, claro, pois isso nos ajuda a sobreviver. Mas precisamos saber equilibrar as coisas.

Quando se trata de criatividade, é fundamental desapegarmos da necessidade de definição. Definir é limitar, o que pode ser interessante em muitos momentos (inclusive, mais adiante você vai ler sobre a importância de delimitar alguns processos criativos). Mas tentar conceituar criatividade é limitá-la. Ela é tão vasta, grandiosa e complexa que dificilmente conseguimos explicá-la em uma linha. E mesmo que consigamos, perderemos muito do seu conteúdo real.

Rick Rubin, um dos produtores musicais mais renomados de todos os tempos, reconhecido por seu trabalho com Beastie Boys, Red Hot Chili Peppers, Jay-Z, Adele, Johnny Cash, Kayne West e outros, disse: "A criatividade está mais próxima da magia do que a ciência. E a linguagem é insuficiente para aprofundá-la". Logo, tentar definir criatividade usando palavras seria reduzir a magia de um chef a uma receita de bolo qualquer.

Digamos que eu compartilhe com você a minha definição de criatividade, toda bonita, preparada, pensada, uma manchete de jornal. E então pergunto: isso vai ajudar você em alguma coisa? Acredito que não; afinal, saber a minha definição de criatividade não vai tornar você uma pessoa mais criativa. Logo, não vejo motivo para fazer isso.

Neste livro, estarei menos preocupado com as definições e mais focado no entendimento de como as coisas funcionam. Quero compartilhar o que precisa – e pode! – ser feito para que você desenvolva o seu pensamento criativo. Penso que isso é o que fará a diferença para você nessa jornada (sim, este livro é uma jornada).

Outro ponto importante é que não acredito na máxima "vou tornar você uma pessoa criativa". Não tenho esse poder. Um livro não tem esse poder. Só tem uma pessoa com poderes para tal: você!

A lógica que trago aqui é tentar ajudar você a desenvolver um pensamento criativo e a entender como fazer isso. A fórmula máxima é: pensar de forma criativa. Ao fazer isso, a criatividade acontecerá. As equações dessa fórmula são infinitas e demandam tempo e consistência. Algumas delas vamos trabalhar juntos aqui!

O QUE HARVARD FALA SOBRE CRIATIVIDADE

Como pretendo ajudar você a *hackear* o seu próprio pensamento criativo, decidi usar formas mais pragmáticas de encarar a criatividade. Optei por trazer elementos que facilitem a sua forma de ver e de se relacionar com ela. Não estou dizendo que apresentarei a única forma, nem que é a melhor forma; apenas a forma que acredito fazer mais sentido.

Quando falamos de pragmatismo, em termos educacionais, nada melhor do que ouvir o que Harvard tem a dizer, não acha? Eu sonho em estudar lá e já fiz um curso on-line nessa universidade, mas ainda não consegui me organizar para visitar suas instalações e viver a experiência naquele campus. Um dia, quem sabe?

Mas, enquanto esse dia não chega, fico ligado em tudo o que acontece e é publicado por eles. Quando descobri que Harvard estava falando sobre criatividade, claro, fui bisbilhotar e pesquisar o que estavam dizendo; e me deparei com o trabalho incrível da Teresa Amabile. Professora de Harvard, autora e acadêmica, escreveu mais de cem artigos sobre criatividade.

Segundo Harvard, a partir do olhar da acadêmica Teresa Amabile, a criatividade não é um acidente, não é algo que acontece por acaso, não é geneticamente determinado, e eu concordo 100% com ela!

Para a criatividade acontecer, precisamos combinar três elementos.

O primeiro é a MOTIVAÇÃO: fator intrínseco. Sem ela, nada acontece. Para ser uma pessoa mais criativa, você precisará se esforçar. E, para se esforçar, precisará estar motivado. Não tem outra forma. Não há mágica. Tudo começa por aí.

PRIMEIRO VOCÊ PRECISA QUERER SER UMA PESSOA MAIS CRIATIVA PARA PODER SE TORNAR UMA.

O segundo elemento ela chama de EXPERTISE. Mas o que ela quer dizer com isso? Quando dou uma aula ou palestra sobre o tema, pergunto às pessoas: qual foi o último livro que você leu sobre criatividade? Geralmente, poucas pessoas respondem. Então, peço: levante a mão quem já viu mais de três Ted Talks ou ouviu algum podcast sobre o tema. Raramente alguém levanta a mão. Eu continuo: quem poderia me mostrar a sua agenda e apontar o tempo que estava dedicado para ter ideias e desenvolver sua criatividade? Nunca ninguém me mostrou algo assim.

O que isso prova? Isso prova que todo mundo quer mudança, mas ninguém quer mudar. Todo mundo quer desenvolver essa habilidade, mas ninguém faz nada para isso. E esperam que as ideias caiam do céu.

Você precisará acumular horas e horas aprendendo e aprimorando seus conceitos e métodos. E aqui estou falando de acumular conhecimento técnico e intelectual sobre o tema para, depois, conseguir dar início à criação de seus próprios métodos.

E, por último, porém não menos importante: PENSAMENTO CRÍTICO. Não estamos falando de negacionismo, está bem? A forma mais simples que eu utilizo para expressar o pensamento crítico se dá com duas palavras: "E se..." E se fizéssemos isso de outra forma? E se invertermos a ordem dos pedidos? E se combinarmos esses elementos? E por aí vai...

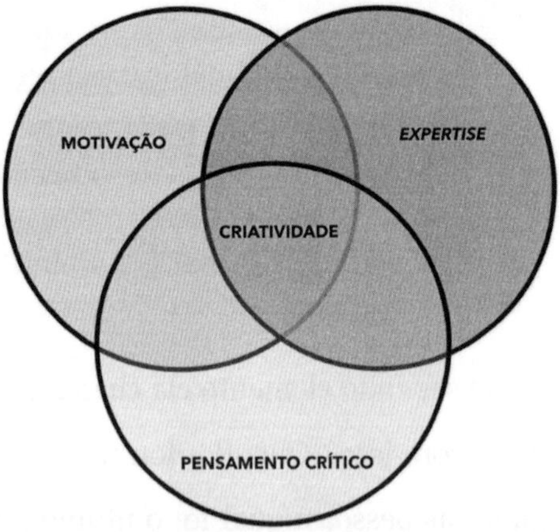

Pensar de forma crítica é não aceitar as coisas como elas são sem se certificar de que não há outras formas melhores de fazê-lo, e não se contentar em repetir tudo todas as vezes. É questionar, é experimentar. Essa é a base para você conseguir desenvolver seu pensamento criativo.

Então, da intersecção dessas três forças – motivação, *expertise* e pensamento crítico – nasce a CRIATIVIDADE. A criatividade acontece, ela se manifesta. Veja como é simples e fácil de entender. Note como não tem a ver com esperar horas e horas para ter boas ideias ou contar com o acaso para resolver nossos desafios. Isso é encarar a criatividade de forma pragmática. Isso é encarar a criatividade como objeto de estudo. E é assim que vamos encará-la daqui para a frente.

Então, recapitulando, temos:

Motivação: sem ela, nada acontece; não adianta ler todo este livro, compartilhar seus aprendizados, se, amanhã, quando você se sentar na frente do computador, não estiver disposto ou disposta a colocar energia para tentar algo diferente. Motivação é intrínseca, vem de dentro de cada um de nós.

Expertise: foco em estudar. Claro que o fato de estar lendo este livro já é um excelente sinal, mas não pare por aqui; continue nessa jornada de busca pelo conhecimento e por informações sobre o tema. Ouvir outras teorias, formas de pensamento, sistemas criativos, processos individuais, tudo são horas de voo que você precisará acumular para poder usar quando for necessário.

Pensamento crítico: é questionar, não se contentar. Vivemos no mundo das respostas. Hoje em dia é muito fácil encontrar as respostas, basta perguntar para o Google. Logo, o que nos diferenciará das outras pessoas é a qualidade das nossas perguntas. Inclusive, escrevi um artigo sobre isso e ele viralizou. Depois dá uma lida.[3]

A INFLUÊNCIA DA NEUROCIÊNCIA NO UNIVERSO CRIATIVO

Sei que muitos de meus leitores podem estar céticos com relação a tudo o que disse sobre a minha trajetória, principalmente o fato de eu ter me tornado uma pessoa criativa. Então, decidi colocar um pouco de ciência nessa conversa, mais especificamente, a neurociência.

Em 1998, um estudo[4] colocou em xeque aquela ideia antiga de que nosso cérebro é uma espécie de HD fixo, sem capacidade de criar novas células.

Até então, diversos estudos haviam provado que os seres humanos nasciam com certo número de células cerebrais, e que essas células iam sendo destruídas ou se perdendo ao longo dos anos, e que nada poderia ser feito para que elas se regenerassem ou que fossem criadas novas células.

Mas então foi publicada uma pesquisa feita com taxistas e motoristas em Londres, mostrando que o cérebro humano é mais plástico do que a gente imaginava. Descobriu-se que os motoristas de táxi possuíam o hipocampo maior do que os motoristas de ônibus de Londres.

3. Esqueça as respostas. O seu diferencial está nas perguntas. *Medium*, 17 abr. 2019. Disponível em: https://medium.com/@jeanrosier/esqueça-as-respostas-o-seu-diferencial-está-nas-perguntas-59adec884709.

4. Maguire, E. A. et al. Navigation related structural change in the hippocampi of taxi drivers. *Proceedings of the National Academy of Sciences of the United States of America*, v. 97, n. 8, mar. 2000.

– Legal, Jean. Mas o que isso significa?

O hipocampo serve como uma espécie de "GPS cerebral", responsável por aprender e armazenar rotas e representações espaciais. Esse centro neural é crucial para a memória, especialmente para a retenção de informações a longo prazo.

Agora, vamos contrastar isso com a vida dos motoristas de ônibus e táxis em Londres. Enquanto os primeiros têm a tarefa relativamente simples de memorizar uma rota fixa, os taxistas enfrentam um desafio muito mais complexo. Para se tornar um motorista de táxi licenciado em Londres, é necessário passar por um exame rigoroso conhecido como The Knowledge, que exige um conhecimento profundo das ruas e marcos da cidade. Esse requisito não apenas valida, mas também amplifica os resultados do estudo sobre o hipocampo.

O aspecto mais fascinante da questão é a plasticidade dessa região cerebral. Quanto mais a exercitamos, mais ela se expande.

O estudo também revelou uma correlação direta entre o tempo gasto na função de motorista de táxi e o desenvolvimento do hipocampo, reforçando a ideia de que a neuroplasticidade é uma habilidade que pode ser aprimorada com prática e dedicação. Ou seja, se você quiser ser um "motorista de táxi" do seu cérebro, você pode. Mas, para isso, precisará se dedicar.

Mas e se eu disser que existem dois tipos de cérebro?

De acordo com Andreas Fink,[5] neurobiologista renomado, a distinção primordial entre os dois tipos de cérebro reside no lóbulo fron-

5. Fink, Andres; Benedek, Mathias. EEG alpha power and creative ideation. *Neuroscience & Biobehavioral Reviews*, v. 44, jul. 2014, pp. 111-123.

tal. Em cérebros criativos, observa-se uma menor atividade cortical, permitindo um fluxo de pensamento mais livre e desinibido. Já no cérebro convencional, a atividade nessa região é maior, trazendo mais rigidez e organização no pensamento.

Imagine um *brainstorming* constante, onde ideias são como átomos em constante colisão, gerando novas combinações e possibilidades. Esse cérebro é um conector natural, um maestro que orquestra uma sinfonia de pensamentos, sejam eles caóticos, brilhantes, convencionais ou completamente fora da caixa.

Já no cérebro convencional, a metáfora seria como uma biblioteca, onde as informações são guardadas nos seus lugares específicos. As ideias não tendem a saltar, toda a informação que circula por lá é bem precisa. Essas pessoas são geralmente experts em algo, mas, quando surge a necessidade de fazer associações livres, quando precisam pensar fora da caixa, sofrem muito com isso.

Imagino que agora você esteja se perguntando a qual grupo cerebral pertence.

Não se preocupe com isso. A resposta é menos relevante do que você imagina. O que realmente importa é que, independentemente do seu ponto de partida, a ciência nos mostra que o cérebro é um órgão plástico, capaz de mudar e se adaptar. Tenha você se identificado com um cérebro mais convencional ou com um cérebro criativo, você pode, de fato, tornar-se o "taxista" do seu próprio cérebro.

Em 2006, Andreas Fink conduziu um estudo[6] para saber se era possível mudar o pensamento de uma pessoa quando esta fosse submetida a exercícios para desenvolver a sua criatividade. Esse foi o primeiro estudo na história da neurociência feito para identificar isso.

Como o estudo foi conduzido?

Metade dos participantes recebeu treinamento para desenvolver seu pensamento criativo. E a outra metade não. Posteriormente, os pesquisadores perceberam e mediram um aumento de atividade alfa no cérebro dos participantes que haviam recebido treinamento. Essa foi a primeira vez que tivemos evidências claras de que o pensamento criativo pode alterar as atividades do nosso cérebro. Ou seja, foi a evidência que faltava para provar que sim, com treino, podemos ser mais criativos.

Nesse estudo, foram realizados diversos exercícios, mas os que tiveram mais resultado foram os exercícios de associação de palavras e desafios de escrita. E sabe qual é a melhor parte? Essa alteração se deu apenas após duas semanas de treinos.

Não à toa, no Capítulo 5, TREINO, você terá acesso a vários exercícios para treinar o seu cérebro.

RECAPITULAÇÃO E SÍNTESE: A JORNADA DA CRIATIVIDADE ATÉ AGORA

A criatividade é complexa. Iniciamos nossa exploração com um desafio monumental: definir a criatividade. Rapidamente percebemos que essa

6. Fink, A.; Grabner, R. H.; Benedek, M.; Neubauer, A. C. Divergent thinking training is related to frontal electroencephalogram alpha synchronization. *European Journal of Neuroscience*, v. 23, n. 8, abr. 2006.

tarefa é tão multifacetada quanto a própria criatividade. Ela é um fenômeno abrangente, profundo e, ao mesmo tempo, singular para cada indivíduo. Portanto, nosso objetivo aqui não tem sido fornecer uma definição específica, mas criar um espaço onde cada um possa explorar e desenvolver seu próprio entendimento e, além disso, compartilhar boas práticas com o objetivo de desenvolver o seu pensamento criativo.

E o cérebro, esse órgão maravilhoso e ainda misterioso, foi nosso último ponto de parada. Discutimos como ele é a força motriz por trás de nossa capacidade de sermos criativos, apesar das inúmeras incertezas que ainda o cercam.

Viajamos virtualmente até Boston, EUA, para entender como a Universidade de Harvard aborda a criatividade. A professora Teresa Amabile nos apresentou a tríade da criatividade: motivação, *expertise* e pensamento crítico. Segundo ela, a confluência desses três elementos é o caldeirão onde a criatividade borbulha.

Por fim, mas não menos importante, reiteramos que, para você se tornar uma pessoa mais criativa, é crucial manifestar seu potencial criativo. E isso só pode ser feito de uma maneira: agindo e experimentando. A teoria é vital, mas a prática é o campo onde a criatividade floresce.

CAPÍTULO 2

O INDIVÍDUO COMO EPICENTRO DA CRIATIVIDADE

Você chegou até aqui e pode estar se perguntando:

– Beleza, entendi a introdução. Mas e agora? Por onde eu começo?

A resposta é tão simples quanto profunda: começa com você. Isso mesmo, você que está aí, lendo este livro. Você é o epicentro dessa jornada criativa, o núcleo a partir do qual toda essa energia criativa irá emanar.

Mas, antes, é crucial que esteja realmente "a fim" de desenvolver essa habilidade.

Mihaly Csikszentmihalyi, o guru da psicologia e responsável por criar a "teoria do fluxo", argumenta que a criatividade é uma das formas mais elevadas de bem-estar humano. Para ele, querer ser criativo não é apenas uma questão de escolha, e sim um portal que se abre para termos uma vida mais rica e significativa. Só que isso não acontece por acaso. Para abrir esse portal, você precisará, antes de mais nada, desenvolver um certo tipo de atitude.

Michael Michalko, um dos grandes nomes no mundo da criatividade, nos traz uma metáfora do mundo animal para ilustrar diferentes abordagens à vida: a atitude do gatinho e a atitude do bebê gorila. Segundo ele, o gatinho, quando em perigo, mia e espera que a segurança venha até ele. Enquanto isso, o bebê gorila corre em direção à segurança.

No universo da criatividade, você precisa incorporar essa atitude de bebê gorila. É preciso ser responsável pela busca por segurança; nesse caso, busca pela evolução do seu pensamento criativo.

Agora, uma palavra de cautela: a criatividade é uma marcha atlética, não um sprint. Anders Ericsson, o psicólogo por trás da teoria das "10.000 horas", nos lembra que a maestria requer prática deliberada. Então, prepare-se para alguns tropeços e talvez até algumas quedas. Mas não se preocupe, pois vamos nos aprofundar nesse assunto mais à frente.

Então, a primeira e mais crucial lição deste livro é esta: a jornada para o desenvolvimento do seu pensamento criativo começa e termina com você. Sem comprometimento com essa jornada, pouco poderá ser feito. Mas, se estiver comprometido, as possibilidades são infinitas!

Prepare-se, no próximo capítulo a aventura realmente vai começar. E você, caro leitor, é o protagonista dessa jornada criativa.

Mas, antes disso, tenho algumas perguntas específicas ligadas à motivação para você responder.

MOTIVAÇÃO

Pare por um segundo e responda: por que você decidiu embarcar nesta jornada literária?

Se este livro foi um presente, por que você acha que alguém lhe presenteou com ele?

Você está realmente motivado(a) a desenvolver seu pensamento criativo?

Se a sua resposta para a última pergunta foi negativa, volte e leia o segundo parágrafo deste capítulo.

Se você respondeu com um "SIM" convicto, excelente! Mas, se está em cima do muro, também está tudo bem, não se preocupe. Afinal, você sabia que 45% das pessoas abandonam suas resoluções de Ano-Novo depois de um mês? E essas são promessas que fazemos a nós mesmos, para nosso próprio bem-estar.

Imagino que, ao ler isso, você se lembrou de uma promessa que fez no último Ano-Novo e que até agora não tinha nem pensado como cumpri-la, estou certo?

Então, por que será que a motivação parece ser tão efêmera? E mais: de onde vem a motivação? Respondendo de forma categórica, nossa motivação vem de um lugar chamado *corpo estriado*.

Corpo estriado é uma espécie de central telefônica do nosso cérebro. Ele é responsável por retransmitir os comandos do córtex pré-frontal (onde são tomadas as decisões) para os gânglios da base (onde surgem os movimentos e as emoções).

Isso foi descoberto a partir de um padrão. Vários estudos realizados com pacientes indicando falta de motivação apontaram para a existência de um padrão. Todos eles tinham pontos minúsculos de vasos rompidos no corpo estriado.

A partir daí, descobriu-se que o corpo estriado é o responsável por traduzir decisões em ações. Ou seja, quando algo não está 100% normal nessa região, temos dificuldade em transformar nossas vontades/pensamentos/decisões em ações.

Outro aspecto interessante nesse sentido se deu a partir de um estudo conduzido por Dan Ariely e colegas, que testaram como recompensas financeiras muito altas podem atrapalhar o desempenho. Os pesquisadores realizaram experimentos em laboratório (com afiliações no MIT e na University of Chicago). O experimento foi dividido em duas fases e envolveu crianças batendo em teclas para ganhar recompensas monetárias.[7]

Na fase 1, as crianças tinham que bater em duas teclas o mais rápido possível e quantas vezes fosse possível durante quatro minutos. As crianças, então, "sentaram" o dedo nas teclas. Até aqui tudo certo.

Após alguns minutos, os cientistas decidiram dividir esse grupo em dois grupos distintos, grupo A e grupo B. No grupo A, foi oferecida uma recompensa de US$ 300 para as crianças que fossem mais rápidas. No grupo B, as crianças mais rápidas receberiam uma recompensa de apenas US$ 30.

No grupo A, onde as crianças receberam US$ 300 de recompensa, a performance aumentou em 95%. Os cientistas, então, decidiram oferecer desafios mais complexos. E o resultado foi surpreendente. Observou-se uma queda no desempenho das crianças do grupo A, ficando 32% pior do que na rodada anterior.

Ou seja, quanto mais complexa a tarefa, apesar de a recompensa aumentar, o desempenho caiu. Para esse fenômeno foi dado o nome de "Efeito de Distração". Quando somos desafiados a resolver problemas, sejam eles econômicos ou emocionais, a pressão causada por um motivador nos tira o foco do problema em si, dividindo a nossa atenção e

7. Ariely, D. et al. Large stakes and big mistakes. *Review of Economic Studies*, v. 76, 2009.

reduzindo a nossa performance. Nesse caso, o motivador de US$ 300 foi o causador da perda de atenção.

Mas aqui está o twist: imagens de ressonância magnética funcional (fMRI) mostravam que o cérebro se acendia da mesma forma quando as crianças faziam algo por diversão (primeira rodada) ou por uma recompensa (rodadas subsequentes).

E o mais interessante é que, se uma pessoa faz algo com recompensa uma vez e depois é solicitada a fazer sem recompensa, os scanners mostram uma redução no *striatum* anterior e nas áreas pré-frontais, partes essas ligadas à automotivação.

Moral da história: não associe a sua evolução criativa a nenhuma recompensa. Não se prenda apenas ao resultado, viva o processo. Deixe isso fluir. Permita que o processo de evolução aconteça de forma natural. Crie essa motivação a partir de elementos internos, e não necessariamente resultados externos.

MODELOS MENTAIS

Acho que você já percebeu que sempre busco relacionar os conteúdos apresentados ao cérebro. Se ainda não tinha percebido isso, a partir daqui esse ponto ficará mais evidente. Sabe por quê? Primeiro, porque sou apaixonado por ele; além disso, já fiz dois cursos de especialização em neuromarketing e neuroeducação e, como já mencionei no início do livro, estou concluindo uma pós em neurociência aplicada à performance humana, e muito do que vou mostrar para você eu aprendi nesses cursos. A meu ver, é impossível falarmos em pensamento criativo sem falarmos do nosso querido cérebro.

Mas aqui, em vez de começar falando do cérebro, vou apresentar a você Carol Dweck.

Carol Dweck[8] é uma psicóloga e professora da Universidade de Stanford, mais conhecida por sua pesquisa sobre a teoria da mentalidade de crescimento. Essa teoria explora a maneira como nossas crenças e atitudes em relação à própria inteligência e habilidades podem impactar nosso sucesso e bem-estar.

Dweck argumenta que a forma como abordamos desafios e erros pode ser agrupada em duas categorias gerais: mentalidade fixa e mentalidade de crescimento. Se você tem uma mentalidade fixa, tende a acreditar que suas habilidades são inatas e imutáveis. Em contrapartida, uma mentalidade de crescimento sustenta que habilidades podem ser desenvolvidas através do esforço e do aprendizado.

Na figura a seguir fica mais fácil entender a diferença entre os dois modelos:

8. Dweck, Carol S. *Mindset*: a nova psicologia do sucesso. São Paulo: Objetiva, 2017.

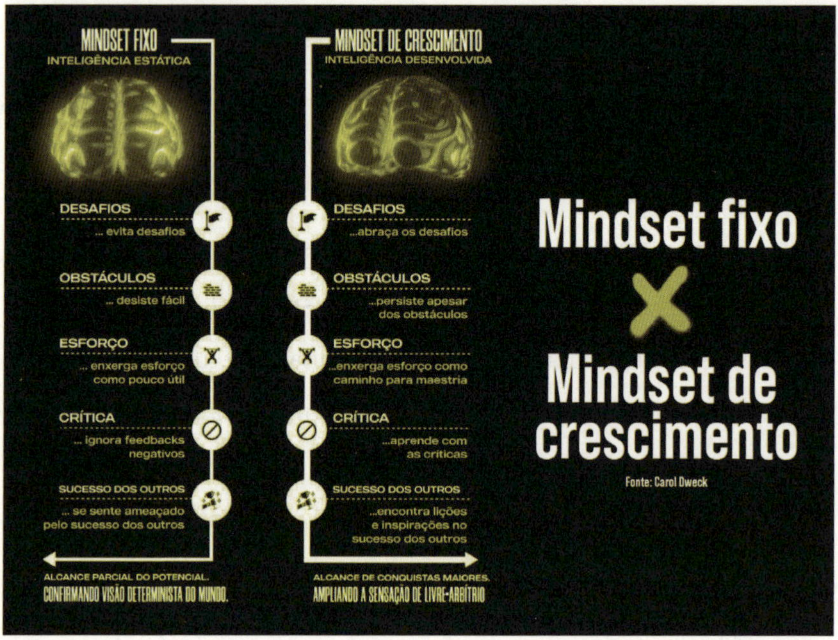

No modelo fixo, que encara a inteligência como estática, o desejo por parecer inteligente é o que predomina; sendo assim, o resultado desse modelo mental é um alcance parcial do seu potencial, confirmando uma visão mais determinista do mundo.

No modelo de crescimento, segundo o qual é possível desenvolver a inteligência, predomina o desejo pelo aprendizado; logo, o resultado desse modelo é o alcance de conquistas maiores, aumentando a sensação de livre-arbítrio.

As pessoas que têm o modelo fixo acreditam que a inteligência é algo estático, ou seja, você nasce ou não nasce com essa inteligência, e se não nasce, não tem nada que possa fazer para mudar isso. Essas pessoas sempre buscam parecer mais espertas. Além disso, elas têm uma forte tendência a evitar desafios, desistir facilmente quando surgem obstáculos, veem o esforço como algo sem sentido, ignoram críticas construtivas e se sentem ameaçadas pelo sucesso das pessoas à sua volta.

Em contrapartida, as pessoas de modelo mental de crescimento são guiadas pelo aprendizado, buscam desafios, persistem quando as dificuldades surgem, veem o esforço como uma parte fundamental para seu desenvolvimento, focam em ouvir e aprender a partir de feedbacks construtivos e encontram lições e se inspiram a partir do sucesso das pessoas à sua volta.

Quer ver um exemplo?

PERGUNTO: Você considera possível desenvolver o seu pensamento criativo?

SIM ☐ **NÃO** ☐

Se você automaticamente pensa que SIM, é porque está disposto ou disposta a aprender e se aperfeiçoar; portanto, tem noção das suas capacidades e/ou fragilidades, já que busca sempre se desenvolver.

Se você pensa que NÃO, é porque tudo que enxerga em si mesmo são características estáticas e que serão sempre avaliadas da seguinte forma: bom ou ruim. E, dessa forma, você acaba não se conhecendo de verdade e nunca se abrirá para o desenvolvimento.

A analogia dessa situação seria a seguinte:

Modelo mental fixo (ou *mindset* fixo): quando nascemos, recebemos algumas cartas, e teremos que viver a vida inteira com elas, apenas elas, tentando fazer o melhor possível com elas.

Mindset de crescimento: nascemos com um baralho, mas, à medida que vamos nos esforçando e buscando aprendizado, esse baralho vai ganhando novas cartas e vamos nos desenvolvendo. A paixão pela busca do conhecimento, mesmo e especialmente quando as coisas dão errado, é o principal ponto.

SUA INTELIGÊNCIA, SUAS CAPACIDADES E SUA CRIATIVIDADE NÃO PODEM SER DEFINIDAS APENAS COMO UMA CARTA DE BARALHO ESTÁTICA.

Elas são apenas um ponto de partida para o desenvolvimento. É por isso que **PRECISAMOS NOS APAIXONAR POR APRENDER**.

Para simplificar, quando o assunto for criatividade, precisamos desapegar do *mindset* fixo e ver o baralho como uma grande possibilidade de evolução, com diversidade de pensamentos, experimentações de caminhos e a capacidade de nos adaptarmos, desfrutando do processo, sem ficar presos apenas ao resultado, e, claro, nos apaixonando pelos novos desafios.

Desapegue das cartas que bloqueiam você e comece a treinar seu cérebro para que evolua!

CONECTANDO OS PONTOS

A JORNADA CRIATIVA COMEÇA E TERMINA EM VOCÊ

Chegamos ao final deste capítulo, em que começamos falando sobre o ponto inicial da nossa jornada, aquele responsável por iniciar os movimentos, as transformações, as experimentações, as ideias criativas... de quem estou falando?

De você!

Isso mesmo, tudo começa pelo indivíduo. Tudo não só deve, como só poderá começar por você.

Assim como os bebês gorilas, que, quando ameaçados, correm em busca de segurança, você precisará correr ao encontro da sua roda do pensamento criativo. E, assim que encontrá-la, terá que colocar um esforço contínuo para empurrá-la.

Bem-vindo à maratona de marcha atlética infinita.

E o mais importante disso tudo é aprender a aproveitar a jornada. Apaixonar-se pelo processo de caminhar e de empurrar a roda.

Isso será libertador. Não entre nessa apenas com um foco específico ou com um objetivo em mente, do tipo: quero ganhar o prêmio X ou quero ser promovido.

Desenvolver seu pensamento criativo é muito maior que isso. Deve ser muito mais importante do que isso. Só assim você conseguirá desapegar e aproveitar a jornada. E só assim conseguirá se manter motivado ou motivada.

Como vimos no início do livro, de acordo com a visão de Teresa Amabile, de Harvard, para que a criatividade aconteça, o primeiro passo é termos motivação. Precisamos querer isso. Porque não há milagres! Precisamos construir nossa motivação.

Você precisa encontrar os mecanismos necessários para desenvolver essa habilidade. Sim, motivação é uma habilidade. Você precisará se conhecer a ponto de identificar quais gatilhos são responsáveis por construir sua motivação.

Não existe fórmula mágica nem receita pronta que se aplique a todas as pessoas. A resposta para isso é individual, e deverá ser construída individualmente.

O que funciona para mim quando o assunto é motivação está ligado à sensação de controle.

A minha motivação é ativada quando faço escolhas que demonstram para mim que estou no controle. E a melhor forma de exercitar isso é TOMANDO DECISÕES.

Gosto muito desta frase que li na *Psychological Science*: "Cada escolha, por menor que seja, reforça a percepção de controle e eficácia pessoal".

Portanto, entendi que o primeiro passo para a minha motivação é criar oportunidades de escolha que me deem a sensação de autonomia e controle.

Por exemplo, quando estou com a caixa lotada de e-mails e sem nenhum ânimo para começar a responder, o que eu faço? Abro um a um, leio e rapidamente escrevo o que preciso responder. Sem pensar. Depois de fazer isso com todos os e-mails, eu já executei o mais difícil, que é iniciar; agora, basta voltar e rebuscar o texto. Dessa forma, estou inconscientemente enviando uma mensagem para o meu cérebro de que estou no controle daquela situação.

Ainda relacionado a esse primeiro ponto, a *Trends in Cognitive Science* escreveu: "A necessidade de controle é um imperativo biológico". Um exemplo disso são as crianças pequenas que, depois de aprenderem qualquer tarefa, seja comer sozinhas, escovar os dentes ou, ainda, andar de bicicleta sem a ajuda dos pais, dificilmente vão permitir que alguém recupere o controle sobre tal atividade. Vi isso acontecer com o Benjamin e agora está se repetindo com a Catarina. Desde que aprendem a fazer algo sozinhos, dificilmente querem que eu ajude (exceto nos momentos de birra ou quando estão manhosos).

O instinto por controle está no centro do desenvolvimento do nosso cérebro. Logo, tem muita influência em nossa vida.

E, por fim, falamos sobre os diferentes tipos de mentalidade. E, aqui, a pesquisa de Carol Dweck[9] é mais do que uma mera teoria psicológica; é uma ferramenta para você se empoderar, redobrando seu esforço para aprender, crescer e alcançar nossa evolução criativa. Em suma, ela nos oferece o vocabulário e a ciência para entender que a mudança não é apenas possível, mas provável, se abordada com a mentalidade certa.

9. Dweck, Carol S. *Mindset*, op. cit.

CAPÍTULO 3

PRINCÍPIOS DA RODA DO PENSAMENTO CRIATIVO

POLGÁR E OS PRINCÍPIOS DA RODA

Nos anos 1970, László Polgár decidiu fazer uma aposta ousada com o mundo: provar que ninguém nasce gênio – gênio se constrói. Para isso, ele escolheu o caminho mais arriscado: transformar suas futuras filhas em prova viva da tese.

Junto da esposa, Klára, decidiu que criaria as meninas em casa, fora do sistema educacional tradicional, sob um modelo próprio. Elas seriam educadas com intencionalidade, foco e muita dedicação. O objetivo era um só: mostrar que com as condições certas, qualquer ser humano pode alcançar a excelência. Mas não havia um plano garantido. Não havia uma estrada conhecida.

O que havia era uma convicção.

E uma disposição radical para experimentar.

Foi caminhando por essa estrada da experimentação – cheia de hipóteses, ajustes e erros – que Polgár começou a moldar não apenas o ambiente das filhas, mas também o modo como elas enxergavam a si mesmas. Desde cedo, Susan, Sofia e Judit foram incentivadas a se entenderem como protagonistas da própria história. Estavam conscientes de quem eram, do que estavam fazendo ali e da construção que estavam realizando. Essa clareza foi o que formou nelas uma identidade forte, autônoma e voltada para o pensamento crítico.

A partir daí, o que sustentou o processo foi o treino. Intenso, diário, disciplinado. Elas jogavam dezenas de partidas por semana, estudavam as jogadas de grandes mestres, praticavam variações, perdiam e recomeçavam. O talento, se existia, era irrelevante diante da força do hábito. O que movia o desenvolvimento não era inspiração, era repetição. Cada erro era usado como insumo para o próximo movimento. Cada vitória, como confirmação de que o processo funcionava.

Com o tempo, veio o momento de se colocar à prova. Os treinos viraram torneios. As simulações viraram confrontos reais. E foi nesse showtime que as irmãs brilharam. Susan foi a terceira mulher na história a se tornar Grande Mestre (GM) em torneios abertos. Sofia atingiu o título de Mestre Internacional e ficou entre as 10 melhores do mundo. Judit, a caçula, se tornou a Grande Mestre mais jovem de todos os tempos – entre homens e mulheres – aos quinze anos.

Mas nenhuma dessas conquistas teria sido possível sem as ferramentas certas. Polgár raramente improvisava. Ele sistematizava. Tinha métodos. Criou rotinas, estratégias de ensino, formas de análise. Utilizava livros, jogos mentais, sequências táticas e exercícios adaptativos. Cada recurso era usado como meio para fortalecer o pensamento e ampliar as possibilidades de atuação das meninas.

A história da família Polgár não é sobre dom. É sobre método. É sobre o que acontece quando alguém decide abrir mão das certezas e caminhar, passo a passo, por um caminho incerto – onde identidade se constrói, treino se repete, desafios se enfrentam e ferramentas se aplicam.

É sobre como a experimentação transforma.

A essa altura, talvez você já tenha percebido: o que moveu a experiência de László Polgár é exatamente o que move qualquer jornada criativa real.

Um cenário desconhecido, construído pela experimentação.

Uma identidade clara, sustentada por propósito.

Um treino constante, que forma repertório.

Desafios concretos, que pedem entrega.

E o uso intencional de ferramentas, que apoiam o processo.

Esses elementos que apareceram naturalmente na história – e que também aparecem na minha, e talvez na sua – não são coincidência. Eles formam uma estrutura. Uma dinâmica. Um jeito de pensar e agir criativamente que, ao longo de duas décadas, venho observando, testando, lapidando e ensinando.

IMPORTANTE: A experiência da família Polgár é trazida aqui como metáfora prática, não como verdade absoluta. Reconheço críticas e limites (recorte familiar, época, cultura). O ponto aqui é menos copiar o modelo e mais perceber a relação entre os princípios que usamos como base para entendermos o pensamento criativo.

Com essa história, chegamos ao momento da leitura que, para mim, é o mais nobre. O momento em que apresento a vocês os princípios da Roda do Pensamento Criativo. Esses princípios foram o *kick off* deste livro e ao mesmo tempo se tornaram a linha de chegada de uma trajetória que venho construindo ao longo das últimas duas décadas. E que segue em uma construção perene e contínua; afinal, uma ideia que se apresenta como um preset acaba em si.

E, no contexto do que trago, isso é limitante – totalmente contraditório à criatividade.

Minha intenção, portanto, é que você se abasteça do que vem a seguir, estendendo a roda para todas as aplicações possíveis, ampliando a sua usabilidade e, consequentemente, o próprio conceito.

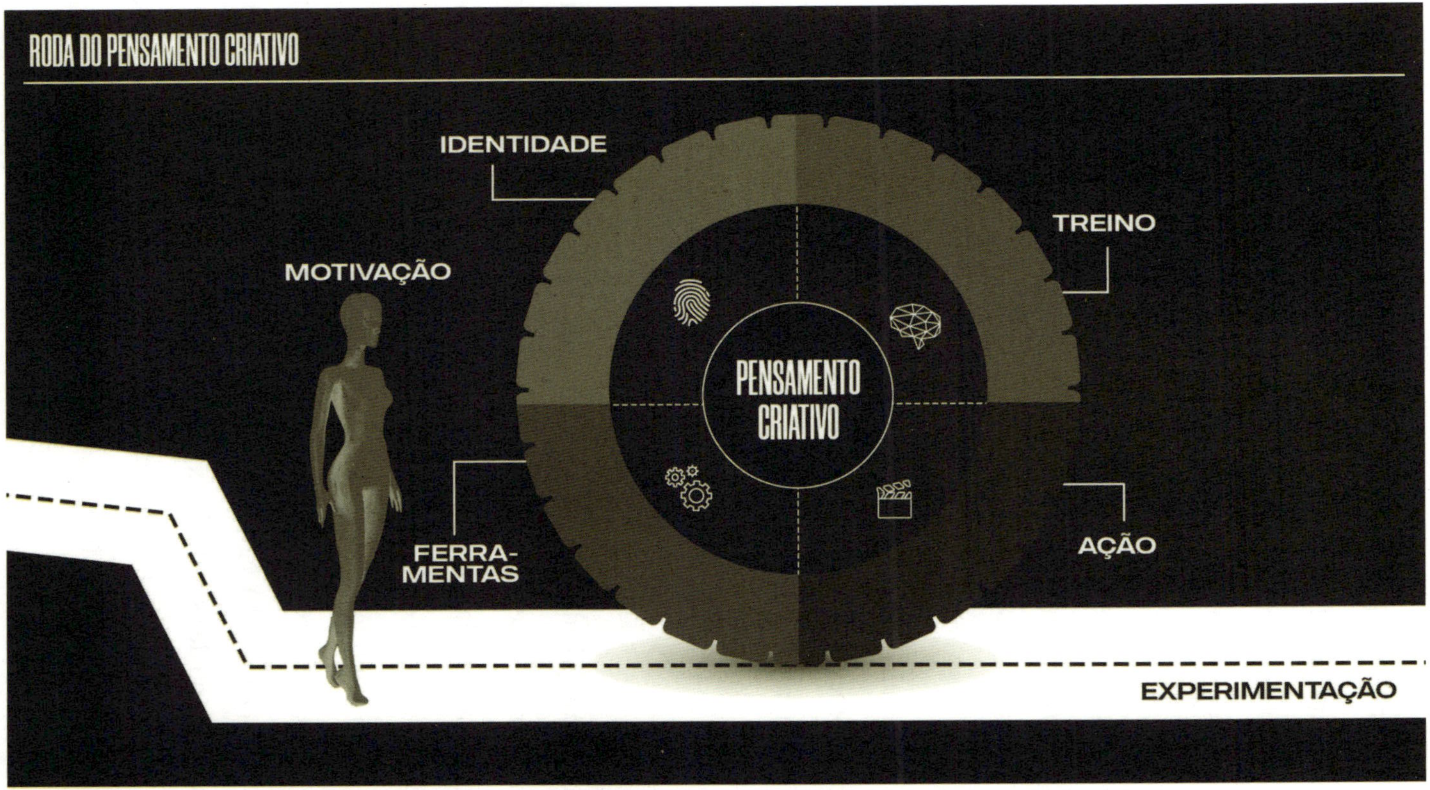
RODA DO PENSAMENTO CRIATIVO
IDENTIDADE
MOTIVAÇÃO
TREINO
PENSAMENTO CRIATIVO
FERRA-
MENTAS
AÇÃO
EXPERIMENTAÇÃO

Você já entendeu que a criatividade começa pelo indivíduo. Mas como fazer a roda do pensamento criativo girar? Por onde começar?

Essa imagem tangibiliza o conceito da roda do pensamento criativo. Seus princípios básicos são:

- Ser composta por quatro quadrantes.
- Estar rodando na estrada da experimentação.
- Girar somente à frente se você tiver motivação para movimentá-la.

A seguir, você verá uma explicação sobre cada quadrante. Mas, antes, precisa saber qual é o trilho sobre o qual a roda gira. Como você viu na imagem, chamei de a estrada da experimentação.

A ESTRADA DA EXPERIMENTAÇÃO

Com a história de László Polgár, entendemos que a criatividade – assim como a excelência – não surge de certezas, mas de tentativas. E que toda jornada real de transformação começa com um passo corajoso em território desconhecido.

Mas como seguir nessa estrada? Por onde começar?

Antes de apresentar os componentes da minha metodologia, é fundamental entender o terreno sobre o qual tudo isso acontece. Chamo esse terreno de estrada da experimentação.

E essa imagem tangibiliza muito do que você sentirá ao caminhar pelo pensamento criativo.

A estrada da experimentação tem algumas regras simples:

- Ela não é reta.
- Ela não é previsível.
- E ela só existe à medida que você a percorre.

Você não recebe um mapa. Recebe, no máximo, um empurrão.

A cada passo, o terreno se revela: buracos, pedras, aclives, trechos lisos e outros escorregadios. Não há planejamento que substitua a experiência direta. E é por isso que a criatividade exige tanto mais do que inspiração – ela exige disposição para agir sem garantia de acerto.

Foi exatamente assim com Polgár. Ele não tinha como saber se o que estava fazendo com as filhas daria certo. Não havia precedente. O que existia era uma tese, uma hipótese, e o compromisso de experimentá-la na prática. Sem atalhos. Ele confiou na estrada. E ela se revelou conforme ele caminhava.

Duas noções são fundamentais aqui:

- A criatividade só se movimenta na experimentação.
- E você é o principal rotor dessa jornada.

Para isso, proponho um exercício.

Imagine-se num lugar tomado por neblina. Você não vê nem mesmo um palmo à sua frente. E está empurrando uma roda. Não há como traçar rotas alternativas, não há como saber o que vem depois da curva. Só há uma maneira de descobrir: continuar avançando. Cada passo revela um novo pedaço da estrada. Às vezes, o solo é firme.

Às vezes, irregular. Em alguns momentos, você tropeça. Em outros, desliza. E, com o tempo, aprende a ajustar o ritmo, o olhar, o corpo.

É por isso que a estrada da experimentação exige desapego às certezas. Exige humildade, escuta e coragem para caminhar mesmo sem garantia de destino. E, cá entre nós, isso é muito mais difícil do que parece.

Porque o discurso da tentativa, do erro, do aprendizado – você já conhece. Mas colocá-lo em prática todos os dias, em uma cultura que valoriza o acerto imediato e condena o "não saber" como sinal de fraqueza, é desafiador.

É aí que mora o travamento.

O medo nos visita em forma de perguntas como:

- Como continuar caminhando se sei que posso tropeçar?
- Como contornar o beco sem saída em que os desafios me jogam?
- Como me permitir experimentar diante do receio de errar o passo?

O antídoto não está em respostas prontas. Está em admitir nossas limitações com honestidade intelectual – como ensinava Richard Feynman, físico teórico e Nobel de Física. Desde criança, Feynman se viu como um eterno curioso. Um cara comum que estudava muito. Um cientista da vida. Sua genialidade não estava no dom, mas no compromisso em aprender.

Quando perguntado se qualquer pessoa comum poderia se tornar como ele, respondeu sem hesitar: "Claro! Eu era uma pessoa comum que estudava muito. Não existem pessoas milagrosas."

É esse reconhecimento que ativa a coragem de seguir em frente. E nos permite, como Feynman fez, como Polgár fez, aprender com o desconhecido. Passo a passo. Tentativa após tentativa. Errando, ajustando, tentando de novo.

Essa é a mentalidade que transforma a estrada incerta em caminho fértil.

Para fechar esse ponto, deixo um exercício simples.

Imagine que você é um chef de cozinha desenvolvendo um novo prato. Tem duas receitas possíveis: A e B. Você pode estudar as combinações, fazer suposições, teorizar aromas e texturas. Mas só há uma forma real de saber qual receita é melhor: cozinhar e provar.

Na receita A, talvez falte sal. Na B, talvez o tempero pese. Só experimentando você saberá o que funciona. E mais do que isso – só experimentando você cria algo novo.

Pode parecer contraintuitivo no começo. Pode dar medo. Mas, ao se permitir testar, você ativa a parte mais potente da sua criatividade. E é essa disposição para arriscar, ajustar e avançar que constrói o repertório, a confiança e a clareza de quem você está se tornando no processo.

Porque sim – o conhecimento técnico importa. Mas, na estrada da experimentação, o que importa mesmo é a disposição para caminhar.

1. IDENTIDADE

Agora que você já entrou na estrada da experimentação, é hora de olhar para dentro. Porque todo movimento externo começa, inevitavelmente, por um ponto interno. E esse ponto se chama identidade.

Não falo aqui da sua profissão, do seu crachá ou do seu @ no Instagram. Falo da pessoa que você é quando ninguém está olhando. Das crenças que você carrega, dos medos que ainda te travam e dos impulsos que te empurram adiante. Falo de você com você.

Toda jornada criativa séria começa com esse tipo de encontro.

Foi isso que aconteceu com a família Polgár, por exemplo. Antes de qualquer treino, antes de qualquer torneio, havia um acordo silencioso sendo construído: quem somos? Por que estamos fazendo isso? Qual é a intenção por trás da ação?

A identidade das meninas foi formada junto com os rituais do dia a dia, com os valores que circulavam pela casa, com a consciência de que não estavam ali apenas para aprender xadrez – mas para transformar uma ideia em realidade. Saber quem você é no processo é o que sustenta a força para continuar.

É por isso que, antes de falar de técnica ou método, precisamos falar de autoconhecimento.

Você sabe o que te move?

Sabe em que nível está hoje, quando o assunto é criatividade?

Consegue enxergar as suas potências? E, com a mesma honestidade, as suas fragilidades?

Identidade é isso. É reconhecer o seu ponto de partida com clareza – sem fantasia e sem filtro. Costumo dizer que autoconhecimento é como tirar uma fotografia interna. Uma imagem honesta, crua, reveladora. Aquela que você bate no modo retrato e pensa: "É, estou aqui. É daqui que eu parto".

Por isso, proponho: tire essa foto agora. Mentalmente, com sinceridade. Olhe para você, para o seu jeito de pensar, criar, se comunicar. Guarde essa imagem. E, quando estiver mais à frente nesta jornada, volte nela. Compare. Veja o que mudou.

Se quiser, pode até me mandar essa "foto" simbólica pelo Instagram. Vou adorar ver de onde você está partindo.

E se você acha que essa busca por identidade é abstrata demais, quero te apresentar duas pessoas que me ajudaram a tornar esse caminho mais palpável.

A primeira é Brené Brown, pesquisadora americana que dedicou sua carreira a estudar vulnerabilidade, coragem e vergonha. No livro *A coragem de ser imperfeito*, ela mostra como só é possível acessar uma vida mais plena quando nos permitimos experimentar – mesmo com medo, mesmo sem garantias. Para Brené, vulnerabilidade não é fraqueza. É coragem em estado bruto.

A segunda é Márcio Libar, ator e palhaço, que diz algo que carrego comigo: "vulnerabilidade é potência". Libar acredita que, ao nos fecharmos para emoções como o medo e a frustração, acabamos também bloqueando o amor, a criatividade e a autenticidade. E ele tem razão. Criar exige exposição. E quem vive trancado por dentro não cria – repete.

Nesse sentido, vulnerabilidade é o portal da identidade.

E do outro lado desse portal, encontramos um obstáculo poderoso: a vergonha.

A vergonha é sorrateira. Ela aparece na hora de falar uma ideia em voz alta. De levantar a mão. De escrever um texto. De tentar algo novo sabendo que pode dar errado. Ela sussurra: “melhor ficar quieto”, “não vai dar certo”, “vão rir de você”.

Ela nos impede de nos expressar. De nos assumir.

E, portanto, nos impede de sermos criativos.

Eu senti isso na pele. Contei aqui no início do livro: no meu primeiro dia de aula na faculdade, quando o professor perguntou quem ali não se considerava criativo, só eu levantei a mão. Não foi coragem – foi vergonha transbordando. Eu me sentia deslocado. Imaginava que, se tentasse criar e falhasse, seria julgado. Seria exposto. Seria pequeno.

Demorei para entender que o único jeito de evoluir era aceitando exatamente isso: minhas limitações criativas. Note que usei o termo limitações criativas, e não minha ausência de potencial criativo. Precisamos sim aceitar que somos criativos, esse é o primeiro passo; e o segundo deve ser entender e aceitar quais limitações temos.

Só depois disso conseguiremos, de fato, crescer.

Mas como lidar com essa vergonha?

Há alguns caminhos que funcionam – e quero compartilhar com você.

O primeiro é reconhecer a vergonha. Dar nome. Olhar para ela com atenção e perceber como ela age.

O segundo é desenvolver consciência crítica: entender os momentos em que ela aparece e se perguntar por quê.

O terceiro é se manter acessível. Abrir espaço para troca, para escuta, para conexão real.

E o quarto é falar sobre ela. Tirar a vergonha da sombra é uma forma de tirá-la do controle.

4 AÇÕES PARA LIDAR COM A VERGONHA:

1 **RECONHEÇA A VERGONHA**
Tente compreender seus mecanismos e gatilhos, refletindo, por exemplo: quantas contribuições criativas você deixou de trazer por conta desse sentimento?

2 **PRATIQUE A CONSCIÊNCIA CRÍTICA**
Analise os momentos em que sentir vergonha a partir de uma perspectiva crítica para, assim, expandir a sua consciência sobre esse sentimento.

3 **SEJA ACESSÍVEL**
Deixe que outras pessoas se conectem com você e não tenha medo da vergonha. Ela nos fecha e, com isso, nos limita.

4 **FALE SOBRE A VERGONHA**
Normalize falar sobre o assunto, assim como é normal falar sobre a temperatura.

Além disso, praticar a coragem ajuda. Contar sua história para alguém que mereça ouvi-la. Tratar a si mesmo com a mesma gentileza que você costuma oferecer aos outros. E assumir a responsabilidade pelos seus erros, em vez de esconder.

3 AÇÕES PARA SE LIVRAR DA VERGONHA:

1 Pratique a coragem e se mantenha acessível. Compartilhe a sua experiência com alguém que "merece" ouvi-la.

2 Busque tratar a si como trata alguém que ama. Costumamos ser muito duros com a gente mesmo.

3 Assuma as suas responsabilidades. Ao invés de tentar esconder para si os seus próprios erros, reflita sobre eles.

A culpa paralisa. A responsabilidade move.

Há um tempo, fiz um post nas redes sociais que repercutiu muito: "Tentou algo e não deu certo? Não se sinta culpado, sinta-se responsável. A culpa leva à inércia, enquanto a responsabilidade leva à ação".

Você pode se tornar mais consciente, acessível e corajoso, e assumir a responsabilidade por suas atitudes que não deram certo.

E é isso que diferencia quem trava de quem cria: a disposição para continuar mesmo quando algo não dá certo.

Você pode ser essa pessoa.

Aliás, se está lendo isso, talvez já seja.

E se ainda não sabe por onde começar, eu te digo: comece por você.

2. TREINO

Se a identidade é o alicerce, o treino é o tijolo colocado todos os dias.

E não falo aqui de um esforço ocasional, daquele tipo que você faz quando sobra tempo ou quando bate a inspiração. Treinar criatividade é prática deliberada: um compromisso constante de colocar o pensamento criativo em movimento, no seu dia a dia, até que ele se torne parte do seu modo natural de agir.

Foi exatamente assim que László Polgár conduziu a jornada de suas filhas.

Antes de qualquer título, antes de qualquer troféu, havia rotina. Partidas diárias. Estudo minucioso de clássicos do xadrez. Repetição incansável de aberturas e finais. Análise de cada derrota, não como fracasso, mas como matéria-prima para a próxima tentativa. Não havia glamour – havia método. E método só se mantém vivo quando é treinado.

Treinar é diferente de apenas estudar. O estudo amplia o conhecimento; o treino o transforma em habilidade.

Quer ser pianista? Toque muito piano. Ensaios, escalas, repetições. Quer ser tenista? Jogue, acerte e erre saques, enfrente adversários melhores que você, repita até o gesto certo se tornar natural. Quer ser mais criativo? Estude, sim, mas também arrisque ideias, teste abordagens, confronte desafios e permita-se errar. Depois, repita tudo de novo.

Essa é a lógica: treinar, treinar e treinar.

Não existe atalho. Nenhum pianista, tenista ou enxadrista de alto nível construiu excelência em uma semana. No xadrez, assim como na criatividade, o pódio é consequência de um processo longo de lapidação – e essa lapidação exige paciência e persistência.

Alta performance não é fazer cem coisas diferentes uma vez.

É fazer a mesma coisa cem vezes, cada vez melhor.

Polgár sabia disso. Cada sessão de treino de suas filhas não era apenas sobre xadrez – era sobre disciplina mental, resiliência emocional e construção de repertório. Três pilares que também sustentam qualquer prática criativa.

Então, se você quer expandir seu pensamento criativo, trate-o como um músculo. Dê a ele estímulo frequente, variação de exercícios e tempo para se fortalecer. Porque, assim como no esporte e na música, criatividade não é talento divino – é resistência construída.

Como diria Rick Chesther, o mineiro que vendia água na praia e se tornou best-seller: pegou a visão?

3. AÇÃO: SHOWTIME

Como agir diante de um desafio criativo real

Showtime é o momento em que toda a preparação encontra a realidade.

É quando não há mais esboço, rascunho ou simulação, só o desafio real à sua frente.

No xadrez das irmãs Polgár, showtime era sentar-se diante do tabuleiro, olhar nos olhos do adversário e aplicar tudo aquilo que haviam treinado. Não havia mais espaço para rever anotações ou voltar para o conforto do estudo. Cada movimento era definitivo. Cada jogada exigia presença total.

É isso que acontece com a criatividade quando ela deixa o campo das ideias e entra no jogo.

Até aqui, você já entendeu a importância de conhecer e aceitar quem você é (Identidade) e de fortalecer sua capacidade por meio de prática constante (Treino).

Agora, é hora de transformar tudo isso em ação, por isso gosto de chamá-lo de showtime, a hora do show!

É aquele momento no set de filmagem em que tudo já está organizado e o diretor grita: "Luz! Câmera! Ação!".

É a hora de colocarmos em prática todo o aprendizado da identidade e do treino.

Para ajudar a visualizar esse momento, gosto de usar uma metáfora simples: a de um bombom. Ela funciona porque traduz, de forma muito sensorial, o que acontece quando nos deparamos com um desafio criativo:

1. **TIRAR A EMBALAGEM:** antes de saborear, você precisa desembrulhar. No processo criativo, isso significa explorar o desafio, compreender seus elementos e chegar à essência do problema.
2. **EXPERIMENTAR O BOMBOM:** chega a hora de provar. É o momento de testar abordagens, explorar caminhos e saborear cada tentativa.
3. **EMBALAR UM BOMBOM:** quando o bombom é bom, você quer apresentá-lo de forma atraente. No processo criativo, é assim que você finaliza e comunica sua solução. Não basta que a ideia seja boa – é preciso que ela seja apresentada de maneira que encante, convença e inspire.

Showtime é intensidade. É estar inteiro no momento. É assumir riscos calculados com confiança. E, tal como no esporte, no palco ou no tabuleiro, é um espaço em que o improviso só funciona quando tem treino por trás.

Quando chegar o seu showtime, lembre-se: você não estará começando do zero. Estará, na verdade, colhendo o que construiu na estrada da experimentação, no reconhecimento da sua identidade e na disciplina do treino.

4. FERRAMENTAS

Chegamos ao último quadrante. O mais fácil de entender e, muitas vezes, o mais negligenciado na prática.

Ferramentas são tudo aquilo que transforma intenção em execução.

São os recursos que você usa para dar forma às ideias, para tomar decisões mais rápidas e mais criativas.

No caso das irmãs Polgár, ferramentas não eram apenas peças e tabuleiros. Eram métodos de análise, sistemas para treinar finais e aberturas. Ferramentas eram as estratégias preparadas antes do torneio e as que eram improvisadas durante a partida. Cada uma tinha seu papel – e o valor estava menos no objeto em si e mais na forma como era usado.

É assim também com a criatividade. As ferramentas certas ampliam o alcance do seu pensamento, ajudam a enxergar novas conexões e facilitam a aplicação prática daquilo que você treinou.

Mas aqui, vale um aviso: não caia na armadilha de tratar ferramentas como algo sisudo, quase burocrático. O lema aqui é *why so serious*? – e por um bom motivo. Quando vistas como jogos, as ferramentas deixam de ser obrigação e se tornam um espaço para experimentação e diversão.

E quando digo "jogos", não falo de passatempo superficial.

Falo de atividades estruturadas, com começo, meio e fim, pensadas para estimular tanto a mente quanto o corpo. Jogos desafiam, provocam, testam e desenvolvem habilidades. No tabuleiro de Polgár, cada exercício tinha regras claras: tempo cronometrado, movimentos restritos, objetivos específicos. Justamente por isso funcionavam tão bem, eram brincadeiras sérias.

O próprio termo "jogo" vem do latim *jocus*, que significa brincadeira ou divertimento. E é essa energia que quero que você associe ao uso de ferramentas criativas. Elas são a ponte entre o que você pensa e o que você faz.

Outro ponto essencial: todo jogo só funciona porque tem regras. Não importa se são simples ou complexas – as regras definem o início, o andamento e o fim, estabelecem papéis e delimitam fronteiras. Sem elas, não há como medir progresso nem entender se o objetivo foi alcançado.

O que trago neste quadrante é, de certa forma, um manual de jogos. Um conjunto de ferramentas para manter a motivação, não perder o rumo e estruturar o seu pensamento criativo. São métodos para estimular a mente, explorar ângulos inesperados e organizar o passo a passo de um processo criativo real.

Então, trabalhe duro, mas divirta-se.

Treine como um competidor, jogue como um explorador.

CAPÍTULO 4

A SUA RODA (IDENTIDADE)

A FORÇA DAS METÁFORAS

Chegamos ao capítulo 4, onde vamos mergulhar no primeiro princípio da roda do pensamento criativo, que é a identidade.

Eu sou fã de metáforas, como já deve estar claro. Além de nos ajudarem a entender algo, as metáforas tornam o processo de ensino e aprendizagem muito mais leve e divertido. Como diz meu amigo Felipe Anghinoni, a metáfora é a regra de três do pensamento.

Segundo a Dr. Saundra McGuire, autora e professora da Universidade de Louisiana, metáforas são tão úteis que elas literalmente nos ajudam a aprender, auxiliando nossa metacognição, que nada mais é do que o famoso termo "aprender a aprender", ou seja, desenvolver a capacidade de monitorar nossos próprios processos cognitivos.

Sobre isso, Saundra Mcguire desenvolveu teorias centradas em estratégias de aprendizagem metacognitivas, o que deu a ela reconhecimento em nível mundial, porque foram capazes de "hackear o cérebro humano".

A partir disso, vamos dar início ao hackeamento do seu cérebro com este breve exercício: respire fundo, feche os olhos e imagine um pinguim.

O que aconteceu quando você fechou os olhos? Viu um pinguim fofinho da Antártida? Ou imaginou um desenho? Ou foi o Pinguim, vilão dos filmes do Batman?

Não importa qual pinguim apareceu na tela da sua mente. A questão é que você "viu" um pinguim, certo? Mas espere um pouco. Não tem um pinguim de verdade dentro da sua cabeça (seria bizarro, né?). Então, como é que você conseguiu ver esse pinguim?

A resposta está aqui, neste carinha.

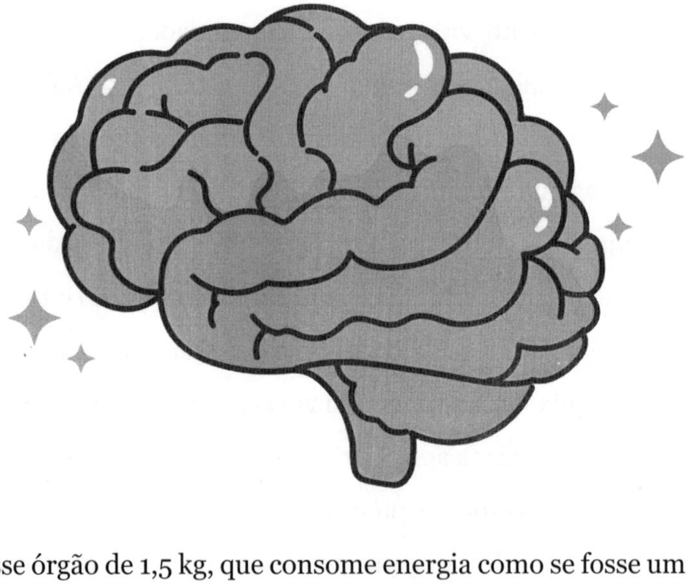

Esse órgão de 1,5 kg, que consome energia como se fosse um atleta olímpico, é o responsável por essa mágica toda. Ele é, sem dúvida, o *gadget* mais incrível que a natureza já inventou.

Tudo o que você sente, pensa, teme ou sonha está armazenado nesse labirinto de neurônios. E isso inclui o nosso amigo pinguim. Quando você aprendeu o que é um pinguim, seu cérebro transformou essa informação em um caminho neural exclusivo, tipo um atalho mental.

E é esse atalho que permite que você "veja" o pinguim toda vez que pensar em um.

Então, da próxima vez que você "vir" algo com os olhos da mente, já sabe a quem agradecer, né? E pode ter certeza, ainda vamos falar muito mais sobre nosso cérebro ao longo do livro.

A partir dessa explicação, fica mais fácil entender como funciona a nossa memória.

– Legal, Jean. E o que isso tem a ver com as metáforas e com a criatividade?

Calma, vamos chegar lá.

Pense que a sua memória é organizada em blocos, como se fossem várias prateleiras de uma biblioteca. Essa biblioteca mental, chamada memória, está estruturada de um jeito que facilita o acesso às informações que você precisa. As suas prateleiras mentais são organizadas por assuntos, por exemplo: Livros de ficção / Livros de autoajuda / Livros de negócio / Biografias, e assim por diante. Ou seja, para armazenar informações novas de forma efetiva, o jeito mais fácil é associá-las às prateleiras corretas.

E nessa analogia, a metáfora funciona como a bibliotecária da sua mente. Toda vez que você usa uma metáfora para armazenar algo novo, você na verdade está criando um gancho entre algo que você já sabe e algo que está aprendendo.

Acessar algo que você já sabe (nesse caso, a metáfora) facilitará muito o aprendizado da nova informação, pois você estará conectando uma coisa nova a outra coisa já existente. Está colocando um livro novo em uma prateleira que você já conhece e sabe como encontrar. Ou seja, a metáfora facilita o aprendizado, mas não garante que ele aconteça.

Entendeu a lógica?

Vou dar alguns exemplos.

– Quando você ouve que fulana tem coração de pedra, você automaticamente entende que essa é uma pessoa mais insensível, mais difícil de lidar e que demonstra menos os seus sentimentos.

– Se eu disser: Beltrano tem a altura do Himalaia, imediatamente você associará Beltrano a uma pessoa alta.

– E, ao dizer que existe a roda do pensamento criativo, estamos conectando algo que já faz parte da sua biblioteca mental, nesse caso, a roda, a todos os novos conceitos que serão apresentados aqui. Usamos a roda como um gancho para que os novos conceitos se pluguem a ela, facilitando o seu entendimento. Afinal, é mais fácil você lembrar e conectar com o conceito da roda, do que, por exemplo, com um conceito sem forma alguma.

Viu como as metáforas são poderosas?

E tudo isso nos leva ao próximo ponto, no qual, usando uma metáfora, você vai entender por que decidimos conectar criatividade com artes marciais.

CRIATIVIDADE COMO ARTE MARCIAL

Quero apresentar uma teoria que desenvolvi nos últimos anos sobre criatividade. Ela relaciona artes marciais e criatividade, e a ideia é combinar esses dois universos que aparentemente não se relacionam. Isso nada mais é do que uma abordagem didática e que vai servir quase como um "autoconhecimento criativo".

E aqui vão três motivos que sustentam essa relação. Lembrando que essa é uma tese 100% autoral e, assim como o ambiente criatividade, está em constante construção, ajuste e adaptação. A única bibliografia que você encontrará sobre esse assunto será este livro.

Primeiro, trata-se de um processo individual. Desenvolver seu pensamento criativo, assim como aprender uma arte marcial, é um desafio individual. Você não se torna faixa preta ganhando campeonatos nem derrotando outros competidores. Nas artes marciais, você não disputa a sua evolução com ninguém, a não ser com você mesmo.

Isso também acontece com a criatividade. Vejo muitas pessoas se comparando a outras para justificar a sua "falta de potencial" criativo. Esqueça isso. A disputa aqui é com você mesmo. É como você pode ser mais criativo do que era ontem, e assim por diante, e não mais criativo do que seu vizinho ou colega de trabalho.

Segundo, como tudo na vida, o tempo deve ser seu aliado. A evolução só vem com o tempo. Ninguém nasce pronto. Até mesmo as mentes mais brilhantes e criativas do mundo tiveram que evoluir. Essas pessoas se dedicaram. Elas aprenderam e evoluíram com o tempo.

Nas artes marciais também é assim. Você pode ser o lutador ou a lutadora mais talentosa da história e, mesmo assim, nunca irá receber a faixa preta do dia para a noite. Você só irá recebê-la depois de muitos e muitos e muitos anos de treino e dedicação.

E aqui uma curiosidade: o sistema de faixas como conhecemos hoje, principalmente nas artes marciais de origem japonesa, foi criado por Jigoro Kano, que também foi o fundador do judô. Ele adaptou o sistema de um jogo de tabuleiro que separava os jogadores profissionais dos iniciantes. Legal, né?

Terceiro, criatividade é uma arte! Criação tem ação no nome. Logo, exige movimento. Exige esforço, suor, transpiração. Criatividade é a atividade de criar. Assim como a arte marcial. Nas artes marciais, os participantes também criam e executam movimentos, rituais, golpes, estratégias. Treinam e evoluem a cada dia, a cada tentativa, e assim vão se tornando melhores e mais preparados.

Então temos o processo de evolução individual, desenvolvimento aliado ao tempo e dedicação e ação. Esses são os três pontos de interseção entre criatividade e artes marciais.

Agora que está claro o que motivou essa metáfora, vamos mergulhar em cada nível individualmente. Afinal, assim como nas artes marciais, a criatividade também tem seus níveis, suas faixas.

Geralmente, quando pensamos em criatividade, imaginamos apenas duas opções:

1. **Ser criativo**
2. **Não ser criativo**

E a coisa não é por aí. Tenho bastante convicção de que precisamos eliminar essa dicotomia. Por isso que, ao usar a metáfora da arte marcial e suas faixas, isso fica mais fácil.

FAIXA BRANCA:
Criatividade natural

Vamos começar pela nossa faixa branca, pois qualquer arte marcial se inicia com essa cor de faixa. Nesse raciocínio, a faixa branca é o nosso nível inicial de criatividade, que chamo de criatividade NATURAL. Esse é o nível em que todos nós já estivemos algum dia, ou podemos estar nesse momento. Se for o caso, não tem problema nenhum nisso, ok?

– Mas como assim, Jean? Por que ele é tão amplo?

Trata-se do nível ligado a uma fase da nossa vida em que todo adulto já esteve, a fase infantil. Logo, podemos dizer que esse nível é o tipo de criatividade infantil, o que não é demérito algum. Afinal, é a criatividade nua e crua, onde vale tudo. As coisas que dizemos, desenhamos ou fazemos não têm muito sentido, nós também não estamos preocupados com o julgamento alheio, nem temos vergonha disso.

Crianças são tipo uma tela em branco, sem peso, sem bagagem. Ainda não têm um manual de "como o mundo deveria ser" na cabeça delas. E o mais legal é que elas não têm um sistema de crenças montado e rígido. Elas são flexíveis e se adaptam com maior facilidade às novas situações. Crianças simplesmente enxergam as coisas como elas são, sem filtros, sem preconceitos. É como se o mundo fosse um gigantesco playground onde tudo é possível. E essa é uma lição e tanto para nós, concorda?

Aqui vai um exemplo legal: se você conversar com uma cantora de sucesso, provavelmente ela vai dizer que se inspirou em alguém no início da sua carreira e, ao imitar essa pessoa, foi construindo sua própria identidade e voz. Mas essa mesma cantora, quando tinha três anos de idade, quando cantava, não tentava imitar ninguém, ela cantava com a sua própria voz e identidade. O seu processo de criação era puramente baseado no “não saber”. Não saber cantar fez a menina cantar.

Para ver a criatividade infantil em ação, basta sentar-se para brincar com uma criança de três ou quatro anos de idade e você verá como ela pensa, fala e se comporta. Geralmente, isso é muito diferente dos nossos “padrões” de adultos.

Dê uma olhada nesta imagem:

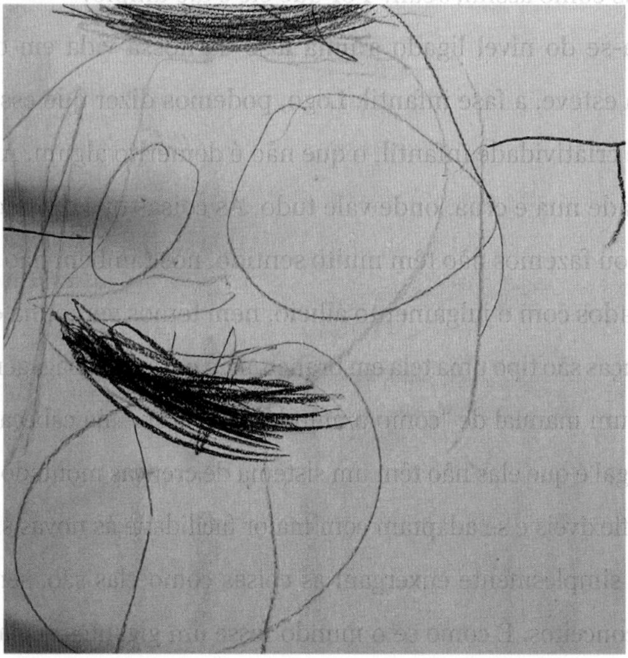

O que é isso? Para nós, adultos, seres adulterados, isso não passa de um monte de rabiscos. Mas, para o Benjamin, meu filho, sou eu indo surfar.

Ou dê uma olhada nesta representação da mamãe ratinho com seu filhote na barriga.

É claro que podemos encontrar manifestações mais rebuscadas, como esta borboleta com cabeça e rabo de lagarto. Ou um tubarão voador, ou ainda uma ervilha com um único olho e cabelo moicano.

Vale tudo nessa fase. Vale tudo nesse nível. E essa é a beleza. Essa é a naturalidade da imaginação sendo colocada em prática.

Porém, existe um grande divisor de águas nessa fase. Isso mesmo, é como se, lá pelos seis ou sete anos de idade, as crianças fossem colocadas em uma estrada com uma bifurcação. Essa bifurcação se chama **SABER DESENHAR.**

Isso mesmo, a habilidade de saber ou não desenhar é responsável por criar uma bifurcação na estrada da criatividade. Geralmente o que acontece é que, ao amadurecermos, ao entrarmos em contato com o EGO, o medo do julgamento e, claro, com o ERRO, acabamos dividindo as crianças em dois grupos.

GRUPO 1 – Crianças que *sabem* desenhar

GRUPO 2 – Crianças que *não sabem* desenhar

Até aqui tudo bem. O problema é atribuir ao grupo 1 o "selo da criatividade", que representa que, se ela souber desenhar, será uma criança criativa; e, se não souber, não será criativa.

Não podemos assumir que quem não sabe desenhar não é uma pessoa e/ou criança criativa. Isso, ao meu ver, é um absurdo. E o pior é que essa ideia se tornou praticamente uma verdade absoluta, tanto é que fez com que crianças como eu acreditassem que, por não saberem desenhar, não eram criativas; e o pior, que nunca poderiam ser.

Quem não sabe desenhar apenas não sabe desenhar. Isso não tem a ver com o potencial criativo daquela pessoa. Existem centenas de formas de manifestar sua criatividade, e desenhar é apenas uma delas. Logo, isso não pode mais acontecer.

Se você está lendo este livro e passou por isso na infância, como eu passei, chegou a hora de se libertar! Se você não sabe desenhar, está tudo bem, isso não tem relação nenhuma com a sua capacidade ou mesmo com o seu potencial criativo.

Inclusive, convido você a conhecer o trabalho de Jon Burgerman. Tive o prazer de conhecê-lo em 2014, quando organizamos, em São Francisco, na Califórnia, um evento com dois dias de duração sobre criatividade e processos criativos.

Burgerman é um artista britânico conhecido por seu estilo único de "arte de rabisco" (*doodle art*), que combina elementos de ilustração, arte de rua e design gráfico. Suas obras são caracteristicamente divertidas, coloridas e frequentemente interativas, convidando o espectador a se tornar parte da arte. Durante sua palestra no evento que organizamos, ele disse que começou a desenhar justamente porque NÃO SABIA desenhar. E achou que isso poderia ser um grande diferencial.

No mundo da arte contemporânea, em que a questão muitas vezes é "o que isso significa?", o trabalho de Jon Burgerman oferece uma pausa refrescante. Ele nos lembra que a arte também pode ser uma celebração da imaginação, da criatividade e do jogo puro.

Em um contexto mais amplo, posso afirmar que Jon Burgerman se encaixa na categoria de artistas que estão mais preocupados em "fazer perguntas interessantes" do que em "oferecer respostas definitivas". É essa abertura à exploração e à possibilidade que torna seu trabalho tão cativante (estrada da experimentação, lembra?). Seu trabalho é uma excelente lição de como o improviso, a aceitação da falha e a celebração da imperfeição podem levar a resultados inesperadamente belos e significativos.

É possível traçar um paralelo com o estudo de "mentalidade de crescimento" de Carol Dweck, que vimos no capítulo 2, a ideia de que habilidades e talento são apenas pontos de partida, e que o verdadeiro crescimento vem do esforço e da aprendizagem contínua.

Para mim, o trabalho de Jon Burgerman serve como um lembrete inspirador de que o processo criativo não deve ser um caminho em busca da perfeição, mas uma jornada permissiva, cheia de surpresas, descobertas e, acima de tudo, diversão.

Em outras palavras, independentemente do nível do seu desenho, se você tem essa habilidade para manifestar suas ideias e pensamentos em forma de desenho, ou se você se defende com os famosos desenhos de palitinho, se você é do time de tubarão voador ou dos rabiscos abstratos, isso não faz nenhuma diferença e não tem ligação alguma com a sua criatividade.

Esse foi o entendimento do nível 1, a faixa branca, a nossa criatividade natural, lugar em que todos já estivemos e no qual não existe certo e errado, mas apenas um vasto campo aberto de possibilidades e diversas formas de manifestar isso.

Agora, vamos para o nível 2.

FAIXA AZUL:
Criatividade funcional

Chegamos ao segundo nível, a nossa faixa azul, nível que chamo de criatividade FUNCIONAL. Lembrando que a ordem das cores das faixas varia de arte marcial para arte marcial. No karatê, por exemplo, a segunda é a faixa amarela, assim como no jiu-jítsu, porém no judô é a cinza.

O que eu fiz foi seguir a ordem das cores do judô, porém saltando algumas cores. Nesse caso, pulamos a cor cinza (imperfeição, não é mesmo?).

Vamos lá.

– Faixa azul, criatividade do dia a dia, como funciona isso, Jean?

Digamos que você decidiu reunir os amigos na sexta-feira à noite e pediu uma pizza para a galera. Porém, quando a pizza chega, você percebe que não tem talheres suficientes para todos. O que você faz? Deixa de comer a pizza? Manda a galera embora e come tudo sozinho? Bate na porta do vizinho e pede ajuda? Nada disso. Você resolve esse problema. Você usa a criatividade para dar um jeito, cortando a pizza em pedaços menores para a galera comer com a mão, usa a caixa da pizza como base ou entrega um guardanapo para cada um e está feito!

Ao fazer isso, sem perceber, você estava usando a sua criatividade funcional. Você estava resolvendo um problema do dia a dia de uma forma não tradicional.

Vamos a outra situação de criatividade funcional na prática. Quem nunca foi tomar banho na casa da praia e sentiu o chuveiro dando choque? O que você fez? Deixou de tomar banho? Espero que não! Imagino que, se eu pedisse para você comentar qual a solução encontrada, teríamos centenas de soluções diferentes, todas elas criativas e eficientes; afinal, cada uma delas resolveu o problema.

Uma coisa é certa, ninguém deixa de tomar banho porque pensa: "Putz, deu ruim, não vou poder tomar banho porque não sou criativo". A gente vai lá e resolve. Eu, por exemplo, sempre pego o pote de xampu e fico dando umas batidinhas de leve na torneira até ela abrir. E depois faço o mesmo para fechar.

E, já que estamos nesse clima de exemplos de criatividade funcional, vou mostrar mais alguns.

Atire a primeira pedra quem nunca perdeu as chaves de casa no escritório ou passou por cima do cabo do celular com a cadeira. Pois é, mas essa pessoa encontrou uma forma de solucionar esses problemas. Sabe como? Com três peças de Lego. Dê uma olhada: a base é colada na mesa, o boneco usa sua mãozinha para segurar o

fio do carregador e outra pecinha vai para o chaveiro, e toda vez que a pessoa chega e se senta na mesa, encaixa sua chave na peça de Lego. Boa, né?

Veja este outro exemplo: segurança em primeiro lugar. Como levar seu filho ou filha ao festival, fazer com que ele/ela possa ver o show e ainda garantir a sua segurança? Basta ter *dreadlocks* ou cabelos compridos. Dá uma olhada.

Essa aqui eu também adorei: quer levar seu filho ou filha para a praia e garantir segurança? Basta usar a parte de baixo do lençol e criar essa proteção.

Agora, imagine viajar a trabalho e, ao chegar ao local, perceber que não tem o adaptador da tomada para carregar o computador ou o celular. "Seus problemas acabaram!" Basta ter dois cortadores de unha e *voilá*! Brincadeiras à parte, claro que eu não recomendo isso, mas imagino que, se essa pessoa tinha um e-mail importante para ser enviado, ela conseguiu dar um jeito de ligar o computador e, assim, pôde enviar a mensagem.

Mais uma vez, criatividade funcional!

Como fechar um armário quando o cadeado é pequeno demais? Esse cidadão resolveu isso com uma tesoura.

Eu sei que você pode estar pensando: "Mas, Jean, isso é uma gambiarra! Qual a chance de ser usado de forma séria, profissional?"

E eu te respondo em alto e bom tom: NENHUMA. E não tem problema, sabe por quê? Porque esse é justamente um nível "amador" de dia a dia. Um nível de soluções criativas que nos ajudam a resolver questões pontuais e imediatas. Não são ideias revolucionárias que vão mudar o mundo nem ganhar prêmios criativos, mas que cumprem o seu papel e solucionam o nosso problema.

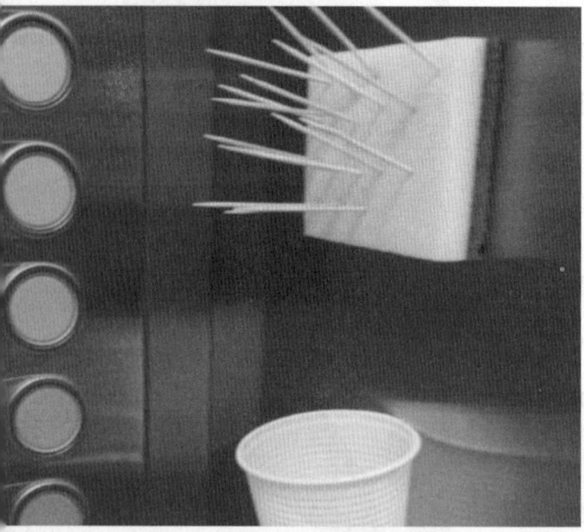

E, claro, não posso deixar de citar esse elevador anticovid que vi em São Conrado, Rio de Janeiro. A pessoa entra no elevador, pega um palito da esponja, aperta o botão com ele e deposita no copo. De tempos em tempos os palitos são higienizados, e pronto: problema resolvido!

Inclusive, sobre esse nível, tem aquela história clássica de uma fábrica de pasta de dentes que tinha um problema enorme, porque muitas caixas estavam indo para os supermercados vazias. A empresa contratou uma consultoria especializada em logística e produção. Eles, então, desenvolveram um software moderníssimo, uma balança hipersensível e instalaram tudo na fábrica. Funcionava da seguinte forma: toda vez que a embalagem vinha vazia, ela era pesada, e quando o peso era menor, o software acusava erro, um alarme tocava e toda a produção era pausada. Feito isso, o funcionário ia até a esteira de produção e retirava a caixa vazia.

Funcionava? Sim.

Porém, dois meses depois a empresa contratada voltou para ver como andavam as coisas e notou que nada daquilo estava funcionando; porém, o número de caixas vazias tinha sido eliminado. Mas como?

Ao chegar na linha de produção, notou-se que os funcionários haviam instalado um ventilador no local em que as caixas saíam da máquina, antes de entrarem nas caixas de distribuição. Ou seja, aquelas caixas que não tinham pasta de dentes dentro voavam para fora da esteira e a produção seguia. Muito mais funcional, não é mesmo? Sem contar que os funcionários disseram que aquele software que parava a produção gerava um esforço enorme e atrasava muito todo o processo.

Criatividade funcional.

Agora, vamos para a próxima faixa, a criatividade profissional.

FAIXA VERDE: Criatividade profissional

Chegamos à tal criatividade PROFISSIONAL. Até que enfim! É possível que você estivesse esperando por isso. E sabe por quê? Porque geralmente esse é o nível em que as pessoas pensam quando falam que não são criativas. Esse é o tipo de referência que vem à cabeça. As pessoas imaginam que "apenas" esse tipo de ideia, produto ou criação seja sinônimo de algo realmente criativo. Mas... não é por aí.

Quando chegamos nesse nível, é fácil identificar quem se encaixa nele. Na faixa verde, estamos falando de pessoas que se destacam dentro da sua área de atuação, de ideias que ganharam prêmios, de peças de comunicação que viralizaram. Obviamente, quando ligamos essas duas palavras, criatividade e profissão, imaginamos as atividades profissionais mais óbvias dentro desse segmento: publicidade e propaganda, design, arquitetura, música, produção de vídeos etc.

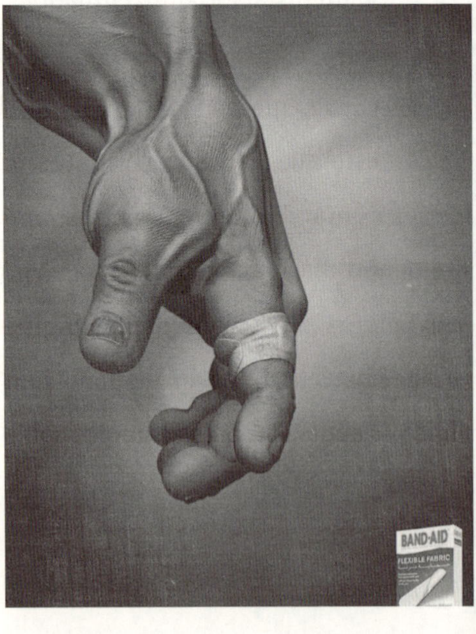

Claro que o universo da criatividade profissional não se limita apenas a essas profissões, mas vamos usar exemplos de peças e campanhas publicitárias que ajudarão você a identificar esse nível.

Por exemplo, quando vemos uma campanha como esta ao lado

entendemos e logo achamos uma boa sacada, certo? O que a peça quer dizer? Que o *band-aid* é tão forte e resistente que, mesmo quando o cientista Bruce Banner se transforma no incrível Hulk, o produto permanece lá, no dedo dele. A peça não precisa dizer mais nada, apenas uma imagem passa toda a mensagem.

Ou no caso ao lado, em que a marca de óculos Ray-ban decidiu usar uma parada de ônibus para comunicar a eficiência dos seus óculos na proteção dos olhos, mas também para, de fato, proteger as pessoas que estavam ali ao sol. Sem contar na sombra refletida, que tem a silhueta do produto da marca. Incrível, não?

Gosto também do exemplo que essa marca de massas usou em sua divulgação. Com o intuito de valorizar os diferentes tipos de cabelos das mulheres, eles decidiram conectar isso com os diferentes tipos de massas que possuem, criando uma embalagem que brinca com esses dois elementos e causa um efeito bem interessante.

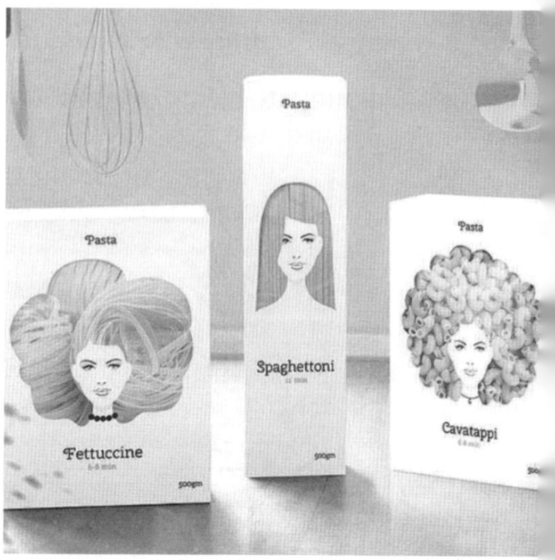

Já que estamos falando de embalagens, como não mostrar essa sacola da Lego, que, com um simples ajuste na alça e uma "arte" representando uma mão de Lego, causa o efeito de que a pessoa que sai da loja com a sacola parece ter a mão de Lego. Simples, porém muito criativo.

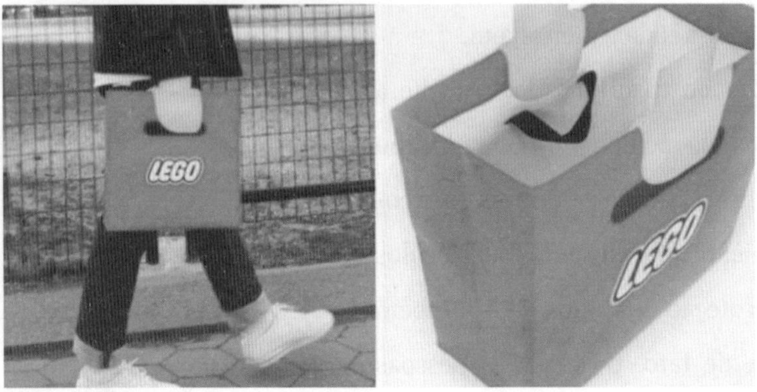

E, por fim, olha só essa sacada da Fedex, que decidiu pintar seus caminhões com uma parte da empresa concorrente, como se estivesse sempre "atrás" dela. E, claro, a mensagem é reforçada com o slogan da marca: "Sempre em primeiro". Polêmicas à parte, acho que essa peça é muito inteligente e criativa.

Esses foram apenas alguns exemplos de peças, campanhas, embalagens e ideias que se destacaram dentro da sua área de atuação e ganharam prêmios nesse universo criativo. Logo, é praticamente incontestável o nível criativo.

Mas a grande questão aqui é a seguinte: geralmente, pessoas que não trabalham nessas áreas que citei – publicidade e propaganda, design, arquitetura, música, produção de vídeos etc. –, quando veem esses exemplos, logo pensam: "Viu só, Jean! Eu jamais teria condições de ter uma ideia dessas. Isso é muito criativo para mim e blá-blá-blá...".

Acontece que, para as pessoas chegarem a esse nível de entrega, elas tiveram muito trabalho e muita dedicação, muito suor, muitas tentativas e erros. Dificilmente esse tipo de ideia vem ao acaso. E é isso que a maioria das pessoas que não atuam nas áreas "criativas" mais clássicas não enxerga.

Então, quando a minha irmã, que é advogada, diz que não é criativa, ela usa esse tipo de exemplo para se justificar. E eu respondo que esse é um nível profissional, um nível em que as pessoas que estão ali empenharam horas e horas de seus dias apenas para aquele tipo de atividade. E aproveito e pergunto para ela: Quando foi a última vez que você colocou na sua agenda: *brainstorm* para solucionar o processo X? E ela responde: Nunca fiz isso.

A conclusão óbvia é que nada vem por acaso. Essas pessoas chegaram a esse nível porque o meio em que elas atuam exige isso delas. O meio em que minha irmã atua exige mais dedicação em outras áreas profissionais, por exemplo, conhecer as nuances do Código Penal.

Mas uma advogada dizer que não é criativa usando exemplos publicitários para se justificar é o mesmo que uma publicitária dizer que não sabe se alimentar direito porque não é formada em nutrição.

Entende o quanto isso é errado?

As pessoas que estão nesse nível estão impactando sua área de atuação. Isso pode ser na área do design ou na área do Direito; a grande diferença é a forma como se manifesta. Quando olhamos uma peça de design, logo a associamos à criatividade, mas, quando lemos uma defesa criminal impecável, não vemos a criatividade envolvida. Sem dúvida, ela está ali presente, porém manifestada dentro de outra lógica que não estamos habituados a identificar. Faz sentido para você?

Muito bem. Então, agora que entendemos a criatividade profissional, é hora de irmos para a criatividade transversal. *Let's!*

FAIXA ROXA:
Criatividade transversal

Chegamos à faixa roxa, o penúltimo nível, um nível superimportante e significativo. Para falarmos dele, não vamos analisar trabalhos, produtos ou serviços. Tanto nesse quanto no próximo – e último – nível, conseguimos entendê-los analisando pessoas.

O fator humano em primeiro lugar. Não que nos demais níveis a gente deixe isso de lado, mas aqui o nível de complexidade aumenta; logo, reduzir isso apenas a um produto ou campanha de marketing seria muito reducionista.

Lembra que eu afirmei que o nível anterior, a faixa verde, da criatividade profissional, está presente quando algo se destaca dentro da sua área de atuação? Dentro do universo da publicidade, aquela peça foi premiada; logo, percebe-se o nível profissional.

Aqui, na faixa roxa, estamos falando de pessoas que não só impactaram e se destacaram dentro da sua área de atuação, mas que foram transversais a isso, transbordaram as fronteiras do seu segmento e impactaram outras áreas, combinaram inteligências, referências e conceitos de outros lugares e conseguiram romper barreiras.

Vou dar alguns exemplos.

Começando pela Thabisa Mjo, que, ao combinar design, artesanato, tecnologia e tradição, desenvolve o seu trabalho. Dentre os destaques podemos falar do banco Hlabisa, criado pela artista, que faz referência às colinas ondulantes de KwaZulu-Natal, província costeira da África do Sul.

Desenvolvida pela fundadora da *Masht Design Studio*, em parceria com a marca *Houtlander*, a peça foi criada a partir de técnicas de modelagem em 3D e um método de tecelagem tradicional da cultura sul-africana. Seu desenho vernacular chama a atenção e lembra o aconchego de um lar.

Também quero mencionar Michelle Khine, que ficou mundialmente conhecida pelo método que inventou para fabricar pequenos recursos em chips de plástico. Ela descobriu isso usando material de um de seus brinquedos favoritos na infância, Shrinky Dinks. Michelle imprimiu padrões microfluidicos nas folhas de Shrinky Dink usando uma impressora a laser e os aqueceu em uma torradeira. À medida que as peças se achatavam em formas de plástico rígido, as linhas de tinta impressa também diminuíam, criando padrões de canais e micropoços, que são perfeitos para a mistura de fluidos e a movimentação de células necessárias para realizar seus experimentos sem a

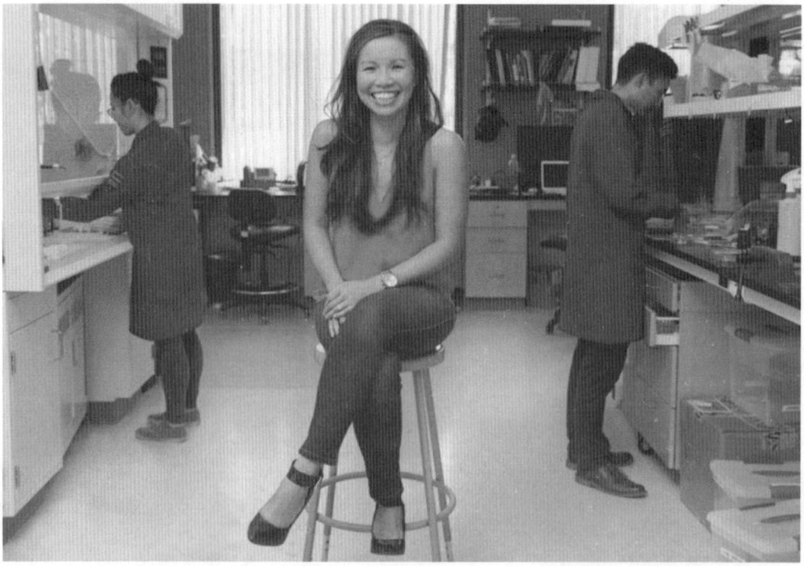

necessidade de uma sala limpa e milhões de dólares em equipamentos sensíveis e caros. Incrível, né?

Não posso deixar de trazer um exemplo de mulher brasileira. Mariana Vasconcelos, mais uma mulher incrível, criadora da Agrosmart. Filha de um produtor rural, ela fundou a empresa em 2014, quando tinha apenas 23 anos de idade. A ideia era unir tecnologia e agricultura através de um aplicativo que possibilitasse uma economia de até 60% no uso de água e 30% na energia utilizada para a irrigação de espaços rurais.

Com a ferramenta, é possível monitorar, por meio de sensores na terra, as variações ambientais, como chuva e umidade do solo. A *Coca-Cola* tem utilizado o dispositivo para monitorar suas fazendas no Espírito Santo. "Segundo ela, a ideia é levar a tecnologia aos agricultores para que eles possam ser mais resilientes." Demais, né?

Viu só? Aqui foram apenas três exemplos, mas obviamente existem milhares de outros espalhados pelo mundo.

Essas três mulheres extremamente criativas colocaram em prática suas ideias, combinando áreas completamente diferentes, aparentemente desconexas, mas que, através da criatividade, ganharam vida e acabaram impactando não apenas suas áreas de atuação, mas muitas outras.

Essa é a criatividade transversal em ação.

E agora chegamos à última faixa. Qual será? Algum palpite?

FAIXA VERMELHA: Criatividade excepcional

Chegamos ao último nível, a faixa vermelha, da criatividade EXCEPCIONAL.

– *Pera aí,* Jean, faixa vermelha? Mas cadê a faixa preta?

Antes de pesquisar sobre o sistema de faixa das artes marciais, eu pensava que o último nível era a faixa preta. Mas isso era um ledo engano. Ao estudar melhor, percebi que, em muitas artes marciais, depois da faixa preta vem a faixa vermelha. Isso mesmo! Ela é uma faixa tão exclusiva que pouquíssimas pessoas têm o privilégio de possuir uma dessa.

E, quando cheguei a esse nível, de fato eu estava precisando de algo que representasse muita exclusividade, pois, para fazer parte desse nível criativo, a pessoa precisa realmente ter feito algo muito grandioso.

Como falamos na última faixa, para fazer parte do nível da criatividade transversal a pessoa precisava ter feito algo que, além de impactar sua área de atuação, tenha conseguido romper essa barreira e impactado, assim, outras áreas de forma transversal. Então, o que sobra para a galera da faixa vermelha? Bem, a resposta é bastante simples. Para se chegar a esse nível, escolhemos pessoas que, mais do que impactar várias áreas transversais às suas, mudaram ou estão mudando o mundo. Ou seja, não estamos falando de uma tarefa fácil, concordam?

Para se ter uma noção de em quem pensamos quando falamos nesse nível, aqui vão alguns nomes incontestáveis. Eu poderia citar grandes homens, como Leonardo da Vinci, Martin Luther King, Einstein, Picasso, Steve Jobs, Mandela, entre outros. Mas quero falar mais a fundo sobre grandes mulheres que mudaram o mundo e que talvez você não conheça.

MADAM C. J. WALKER foi uma empreendedora americana, filantropa e ativista política e social. Ela é reconhecida no *Guinness Book of World Records* como a primeira mulher que se tornou milionária nos Estados Unidos.

Walker fez sua fortuna desenvolvendo e comercializando uma linha de cosméticos e produtos para cabelos de mulheres negras através do negócio que fundou, a Madam C. J. Walker Manufacturing Company. Ela também ficou conhecida por sua filantropia e ativismo. Fez doações financeiras para inúmeras organizações e tornou-se patrona das artes.

HEDY LAMARR foi precursora da conexão wireless. Hedy Lamarr, nome artístico de Hedwig Eva Maria Kiesler, foi uma atriz e inventora austríaca que se radicou nos Estados Unidos. Durante a Segunda Guerra Mundial, ela inventou um sofisticado aparelho de interferência em rádio para despistar radares nazistas. A ideia surgiu em conjunto com o compositor George Antheil. O sistema serviu de base para a criação da telefonia móvel e da conexão wireless.

MALALA YOUSAFZAI, de quem você provavelmente já ouviu falar simplesmente como Malala, é a garota paquistanesa (hoje uma mulher) que se tornou a pessoa mais jovem a ser contemplada com um Prêmio Nobel da Paz por sua luta pelos direitos das mulheres à educação e pelo símbolo de força e resistência que se tornou, devido à sua experiência pessoal. Malala levou um tiro na cabeça disparado por um radical talibã quando tinha apenas catorze anos de idade.

NÍSIA (DIONÍSIA) FLORESTA AUGUSTA, nascida no Brasil, foi a primeira brasileira a lutar pela emancipação feminina. É considerada precursora do feminismo no país, sendo também reconhecida por seu empenho em alfabetizar meninas e mulheres. Nísia Floresta também foi uma das primeiras mulheres a publicar artigos em jornais brasileiros, além de ter sido a tradutora do manifesto feminista de Mary Wollstonecraft, Direitos das mulheres e injustiças dos homens.

MARIA DA PENHA é líder do movimento contra a violência doméstica. A farmacêutica brasileira foi líder do movimento de defesa dos direitos das mulheres vítimas de violência doméstica no Brasil. Em agosto de 2006, foi sancionada uma lei que leva o seu nome. Além disso, ela fundou um instituto sem fins lucrativos para auxiliar as mulheres vítimas de violência. Em 1983, o seu marido tentou matá-la duas vezes, deixando-a paraplégica. Ele só foi condenado após dezenove anos.

E a lista continuaria, com mulheres incríveis que mudaram o mundo. Mas imagino que você já tenha entendido a magnitude que é fazer parte desse nível. E aqui estou falando de 1% da população mundial, pessoas que, além de impactar a sua área de atuação, estão cruzando ou cruzaram as fronteiras e impactaram diversas outras áreas em conjunto e mudaram o mundo.

É... fazer parte desse nível é *responsa*! Vamos para o próximo passo, para entender de que forma conseguimos evoluir dentro dessa estrutura.

COMO EVOLUIR?

Agora que você já entendeu com profundidade cada nível e sua respectiva cor, é hora de falar sobre evolução. Como fazemos para evoluir dentro desse sistema? Porque é possível que você tenha se visto em um desses níveis e queira avançar.

Primeiro, é importante perceber que, quando falamos e entendemos que existem diferentes níveis de criatividade, fica mais fácil se inserir nesse contexto. Não existe melhor nem pior, existem apenas diferentes níveis.

No momento em que pergunto a você: "E aí, em que nível você acha que está?", você imediatamente se coloca dentro do sistema. É praticamente impossível se ver fora dele. É mais provável que você se veja em diferentes níveis de acordo com os diversos desafios que precisa enfrentar. E, sim, se aconteceu isso com você, está tudo certo; ainda vamos falar sobre isso aqui.

Mas o mais importante é que você não consegue mais se ver "fora" do sistema criativo; logo, já não pode mais afirmar que não se considera uma pessoa criativa. Você é criativo, sim, e está no nível X. Legal, né!?

Ou seja, primeiro objetivo atingido: eliminar a dicotomia entre ser ou não ser criativo. Aqui, a partir dessa lógica, todo mundo já é criativo; porém, faz parte de diferentes níveis.

Segundo, você precisa entender que a evolução deve ser gradual. Assim como na natureza, não existem saltos súbitos; para evoluir, não é possível pular etapas. Para simplificar, se você se viu na faixa azul, será impossível evoluir para a faixa roxa sem antes passar pela faixa verde. Da mesma forma que, se você se viu na faixa branca, não conseguirá saltar para a faixa verde sem antes passar pela azul.

Terceiro, a evolução é sempre de dentro para fora. Lembre-se de que falamos no início que, para desenvolver o pensamento criativo, antes de tudo, você precisa querer – querer mudar, querer agir diferente, querer se adaptar, querer transformar a forma como faz as coisas. E isso vem de dentro, sempre de dentro para fora.

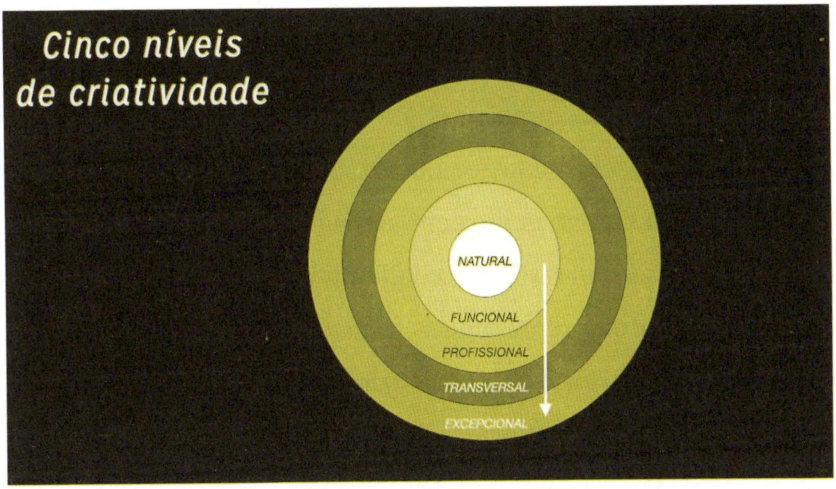

Sabe o que é mais legal nesse raciocínio? É que, quando eu estava pesquisando sobre artes marciais, cores de faixa e tudo o mais, encontrei palavras que representam cada cor. E aí foi como se eu tivesse aquela epifania, e dito a famosa expressão de Arquimedes: EUREKA! Pois foi isso o que senti.

Veja que legal. A palavra de ordem da faixa branca é PACIÊNCIA. Lembrando que a faixa branca é a primeira fase nas artes marciais. Estamos falando da criatividade natural, aquela que todos temos ou já tivemos e que está viva em nós. Logo, para revivê-la, tenha paciência, muita calma e dedicação; afinal, estamos falando do primeiro passo para a evolução criativa. Se você se viu nesse nível, está tudo bem MESMO; apenas tenha paciência, pois ainda existe muito trabalho pela frente até evoluirmos a partir desse lugar.

A segunda faixa é a de cor azul, que representa a nossa criatividade funcional. Sabe qual é a palavra que simboliza essa cor? EQUILÍBRIO, ou seja, equilibrar desafios pessoais e profissionais, encontrar soluções para desafios diários. É ou não é o principal ponto da criatividade funcional? Resolver as coisas com aquilo que temos à disposição, pensar em soluções inéditas, gambiarras, nosso jeitinho brasileiro aplicado para o bem. Nesse caso, isso é equilibrar PROBLEMA com SOLUÇÃO, sem expectativa de algo muito bem-acabado, sem um nível profissional, apenas focado em resolver e equilibrar aquela situação.

Já a palavra que representa a faixa verde é DISCIPLINA. Não poderia se encaixar de forma mais perfeita para a criatividade profissional, não é mesmo? Por quê? Porque aqui estamos falando de especialistas, de pessoas que se dedicam muito para se destacar dentro da sua área de atuação. Estamos falando das tais dez mil horas que são necessárias para dominar algo. Já ouviu falar nessa teoria?

Em 2008, o jornalista e escritor canadense Malcolm Gladwell escreveu o livro *Fora de série*. Sua tese central era condensada numa expressão: a regra das dez mil horas. Resumindo, não é o talento natural que importa; é a prática que faz a perfeição. Não estou defendendo essa teoria, até pelo fato de existirem controvérsias sobre o tipo de treino, prática deliberada e outros pontos. Mas, para o nosso caso, a teoria se encaixa, pois estamos falando de pessoas que passam oito, nove, dez horas diárias de suas vidas se dedicando a ter ideias criativas para produtos, serviços ou campanhas.

Agora, adivinhe qual é a palavra para a faixa roxa, da criatividade transversal? DETERMINAÇÃO. E é isso, não é? Para chegarmos nesse nível, não adianta apenas ter as dez mil horas de prática, pois isso o mantém na faixa verde. Para sair dela, você precisará QUERER romper a barreira de impacto da sua área de atuação e atingir outras áreas. E, para chegar lá, vai precisar de muita dedicação.

E, por último, porém não menos importante, chegamos à faixa vermelha da nossa criatividade excepcional, em que as pessoas que pertencem a esse nível servem como exemplos para todos nós, pois é justamente essa a palavra que representa a faixa vermelha: EXEMPLO. Não precisamos dizer mais nada, independentemente da área de atuação. Mudar o mundo e alcançar esse objetivo fará de você um exemplo para outras pessoas e para a sociedade como um todo.

Agora você já sabe o passo a passo para buscar a evolução do seu pensamento criativo dentro desse modelo.

CONECTANDO OS PONTOS

Chegamos ao final do capítulo 4. Portanto, vamos fazer uma breve recapitulação.

Começamos trazendo a força das metáforas e o quanto elas podem ser úteis para o nosso processo de memorização e de aprendizagem.

Depois, explicamos o motivo da escolha das artes marciais como metáfora para a evolução no processo da evolução do pensamento criativo; afinal, poderíamos ter escolhido qualquer outra atividade, como tocar violão ou aprender a jogar xadrez. Como as artes marciais têm diferentes faixas, determinando os níveis dos praticantes, entendemos que faz muito sentido com o universo criativo e, claro, com a busca pela evolução nesse campo.

Além disso, essa evolução é interna. A luta para evoluir é interna, e não existem campeonatos, troféus ou medalhas. O que determina a sua evolução é seu tempo de dedicação e seu foco para buscar ser melhor do que você era ontem, e não melhor do que seu vizinho, primo ou colega de trabalho.

Em seguida, mergulhamos em cada nível, cada cor de faixa, começando pela faixa branca, que representa a criatividade natural, aquela que todos nós temos. Para alguns, ela pode estar adormecida, enquanto para outros pode estar muito viva! A questão é aceitar isso, alimentar a capacidade ou resgatá-la. E saiba que isso não tem nada a ver com a qualidade dos seus desenhos. Esqueça essa ideia.

O próximo nível é a criatividade funcional, faixa azul, aquela criatividade do dia a dia, que não nos dará prêmios, anuários nem reconhecimento mundial, mas que irá nos ajudar a solucionar os desafios diários a partir dos recursos que temos disponíveis. Para alguns, é a famosa gambiarra. Para outros, o jeitinho brasileiro. Para nós, a criatividade funcional.

Em seguida, temos a faixa verde, esta, sim, em um nível profissional. Essa faixa é representada pelas profissões mais caricatas quando pensamos em criatividade – publicidade e propaganda, artes, design –, mas não se limita apenas a essas profissões. O que determina fazer parte desse nível é o destaque dentro da sua área de atuação. Aqui estou falando de especialistas que se dedicam diariamente a desenvolver seu potencial criativo para colocar em prática dentro do seu universo de trabalho.

Chegamos às últimas duas faixas, roxa e vermelha. Aqui usei exemplos de pessoas, em vez de trabalhos, produtos ou campanhas. Roxa é a criatividade transversal, aquela que se destaca dentro da sua área de atuação e transborda para outras áreas, impactando diversos segmentos. A faixa vermelha é a mais exclusiva de todas, aquela para 1% da população mundial, para pessoas que, com suas ideias, mais do que impactar várias áreas de atuação, serviram e servem de exemplo para todos nós, e que mudaram o mundo.

Depois de entender a dinâmica dos níveis e faixas, falamos sobre como evoluir; afinal, cada um se viu dentro de um nível diferente. E aqui há um ponto importante que pode ter acontecido com você.

– Mas, Jean, sinto que estou na faixa azul para a minha criatividade no trabalho, mas na faixa branca para a minha vida pessoal. Isso é possível?

Claro que sim. Esse esquema de níveis não é um sistema estático. Pelo contrário.

Inclusive, a melhor representação desse esquema deveria ser em formato de espiral, pois, quando vamos de um nível para o outro, não significa que deixamos de desenvolver e colocar em prática o nível anterior; logo, a representação através de espiral funciona melhor. No entanto, o mais importante desse esquema é eliminar a dicotomia entre o ser ou não ser criativo, lembra?

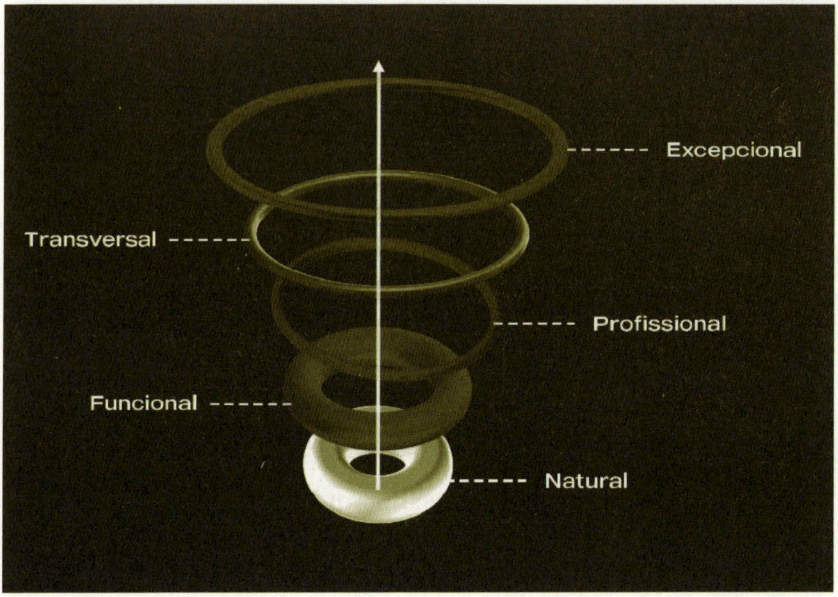

Afinal, no momento em que você se vê ali dentro, seja em um nível apenas, seja em dois ou três níveis diferentes, quando aplicados a diferentes aspectos da sua vida, o que importa é que você já está lá dentro, já vestiu, ainda que metaforicamente, o quimono da criatividade.

Agora, é só ir à luta!

CAPÍTULO 5

TREINO

SINAPSES + BAINHA DE MIELINA

Chegou a hora de dar aquele empurrãozinho na nossa famosa RODA do pensamento criativo. Vamos treinar!

Mas, antes de colocar a mão na massa, temos que entender um pouco mais sobre as estrelas do show cerebral: as sinapses.

O que são essas tais sinapses de que todo mundo fala, mas poucos realmente entendem? Para explicar melhor, aí vai outra metáfora. Sinapses são tipo aqueles grupos de WhatsApp que estão sempre "bombando", que são praticamente impossíveis de acompanhar de tanta mensagem. Conhece esses grupos, né? Pois é, sinapse é isso, um grupo frenético de *Whats*, só que formado por nossos neurônios, e onde eles se reúnem para trocar mensagens o tempo todo. Enquanto você está lendo isso, milhares de sinapses estão acontecendo no seu cérebro.

É assim que os neurônios conversam entre si. Esse "bate-papo" é o que a gente chama de sinapse, o momento em que um neurônio manda uma mensagem para outro ou para uma célula-alvo, como um músculo, por exemplo. E por que isso acontece aos montes? Porque neurônios são os tagarelas do corpo, não param de falar nunca!

Na sinapse, um neurônio dispara algo chamado "potencial de ação pré-sináptico", que é basicamente um sinal que ele envia para o próximo neurônio, o "pós-sináptico". Esse sinal faz com que o neurônio receptor fique mais ou menos propenso a disparar seu próprio potencial de ação. É uma loucura!

A questão aqui é: toda vez que temos um novo pensamento, uma nova ideia ou percebemos algo, adivinha o que acontece? Rolam sinapses no nosso cérebro.

Agora que você já entendeu que os neurônios estão o tempo todo conversando entre si, vamos entender o quanto isso pode ser bom para nós.

Lembra-se do estudo com os motoristas de táxi londrinos, a partir do qual se descobriu que nosso cérebro segue se desenvolvendo com base nos estímulos que colocamos nele, assim como um músculo? Esse fenômeno recebeu o nome de neuroplasticidade. Neuro vem de rede neural e neurônios e plasticidade vem de plástico, pois nosso cérebro se adapta, assim como o plástico, aos estímulos externos.

Muito bem, já entendemos os neurônios e a neuroplasticidade. Chegou a hora de falarmos da tal bainha de mielina. A bainha de mielina é uma estrutura lipídica que envolve os axônios dos neurônios, funcionando como um isolante elétrico. Ela é crucial para a transmissão rápida e eficiente dos impulsos elétricos entre as células nervosas.

Estudos científicos, como os publicados no *Journal of Neuroscience*,[10] mostram que a mielina permite que os impulsos elétricos saltem entre os nós de Ranvier, que são pequenos espaços não mielinizados ao longo do axônio. Isso é conhecido como condução saltatória e é o que permite que os impulsos se movam a velocidades que variam de 5 a 200 km/h.

Agora, o que é realmente interessante é que a espessura da bainha de mielina não é estática; ela pode ser influenciada por vários fatores, incluindo estímulos externos e atividades que você realiza. Pesquisas em neurociência, como as de R. Douglas Fields,[11] mostram que a aprendizagem e a prática podem, realmente, aumentar a produção de mielina. Isso é chamado de mielinização induzida pela atividade.

E aqui vem a parte mais legal: a mielina é cumulativa. Existem algumas doenças, como Alzheimer e Parkinson, que degeneram a bainha, mas, se tudo estiver em condições normais, ela só tende a ficar mais espessa a partir dos estímulos que você decidir realizar.

Para simplificar, quanto mais você pratica uma habilidade ou estimula seu cérebro de determinada forma, mais mielina você produz. Isso tem implicações diretas na aprendizagem e na memória, e é por isso que eu digo que a prática não leva apenas à perfeição, mas à produção de mielina. E mais: mielina significa mais e melhores conexões neurais, o que aumenta suas chances de ter ideias criativas e inovadoras.

Assim, a moral da história é: se você quer ser mais criativo(a), tem que colocar seu cérebro para malhar, estimulando-o de formas que

10. Tonomura, S.; Macklin, J. G.; Restrepo, D. Role of Voltage Gated K^+ Channels and K2P Channels in Intrinsic Electrophysiological Properties and Saltatory Conduction at Nodes of Ranvier of Rat Lumbar Spinal Ventral Nerves. *Journal of Neuroscience*, v. 42, n. 25, p. 4980-4994, 2022.

11. Fields, R. Douglas. White matter matters. *Scientific American*, 1 mar. 2008.

aumentem a produção de mielina. Isso vai acelerar as sinapses e tornar todo o processo de pensamento criativo mais eficiente.

OS ÓCULOS CRIATIVOS

Agora que você já entendeu as sinapses e percebeu que, quanto mais a gente pratica e treina, mais espessa fica nossa bainha de mielina, vamos ver como podemos treinar cada vez mais nosso pensamento criativo. E, para isso, vou usar a metáfora dos óculos criativos para entendermos cada uma das partes que compõem os nossos queridos óculos.

O objetivo aqui é convidar você a uma mudança radical na maneira como vê o mundo. Muitas pessoas falam para mim: "Jean, quero desenvolver minha criatividade no trabalho". E eu respondo: "Legal, mas por que só no trabalho e não na vida como um todo?".

Sinto que muita gente, nos últimos anos, tem focado apenas em desenvolver criatividade no campo profissional. Talvez isso seja potencializado pelo relatório do World Economic Forum, que colocou a criatividade como uma das cinco principais habilidades, provavelmente pelo fato de mais autores, pensadores e criativos estarem compartilhando e desconstruindo suas sistemáticas, mostrando ser acessível e possível se tornar criativo, seja por qualquer outra razão, mas focando apenas no campo profissional.

Diferentes pessoas dizem isso como se a criatividade fosse um botão que as pessoas ligam e desligam, como se fosse o computador do trabalho, que ligamos na segunda feira às 9h e desligamos às 18h. Mas não! Assim não acontece nada. A criatividade não é disparada nem criada com o apertar de um botão.

Meu amigo Felipe tem outra frase que eu adoro: "Para se tornar uma pessoa criativa, você precisa levar uma vida criativa". Se eu pudesse complementar essa frase, eu incluiria o verbo "querer" – você precisa querer levar uma vida mais criativa.

Por isso, o convite aos óculos criativos. Você escolhe colocar os óculos ou não. Logo, dependerá de você. E os óculos funcionam bem como metáfora, porque, sempre que colocamos os óculos, vemos as coisas de uma forma diferente. SEMPRE!

Pense nisso: se você não usa óculos, mas coloca os óculos de alguém, verá as coisas de uma forma diferente, distorcida. Pode ver as imagens mais embaçadas, pode ver mais claramente, e aí se dar conta de que precisa de óculos; mas os óculos mudarão a forma como você vê as coisas. Ponto final. Da mesma forma que, se você colocar óculos escuros, irá mudar a forma como vê as coisas. Ou seja, toda vez que você decidir colocar óculos, seja ele qual for, vai estar disposto a ver as coisas de uma forma diferente. Assim acontece com os óculos criativos. A diferença é que ele não existe, é apenas uma metáfora para "forçar" você a "querer" ver as coisas de outra maneira.

Então, vamos entender os nossos óculos, compostos por três partes:

1. **Haste**

2. **Ponte**

3. **Lentes**

ÓCULOS CRIATIVOS

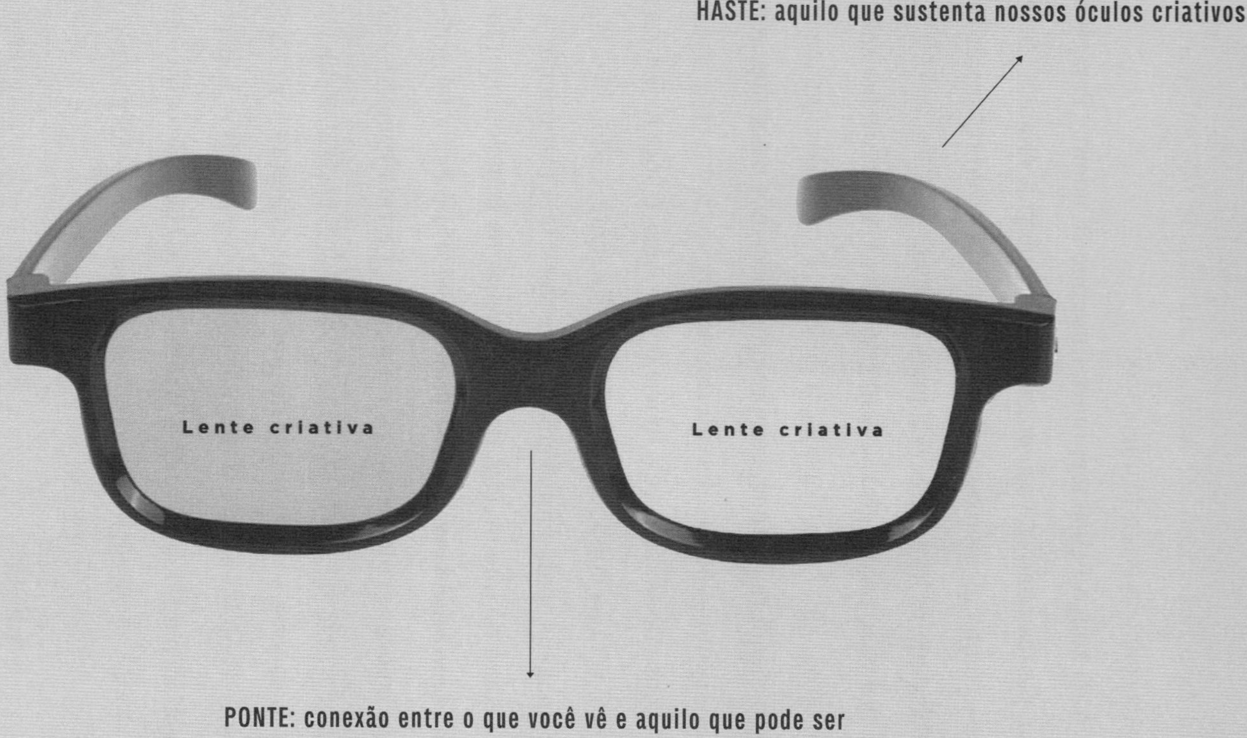

1. HASTE

A haste refere-se à base, o que sustenta os seus óculos. E sabe qual é a base da criatividade? A CURIOSIDADE. Sim, a curiosidade é o motor da criatividade, e, por mais clichê que pareça, é um fato. Pessoas curiosas têm muito mais chances de serem pessoas criativas. Sabe por quê? Porque elas questionam mais, exploram mais, não se contentam com as coisas apenas porque são daquela forma. Querem entender, cavar, mergulhar com profundidade, desenvolver o pensamento crítico.

A curiosidade é mais do que apenas um traço de personalidade; é um impulsionador psicológico fundamental para o aprendizado e a inovação.

George Loewenstein, psicólogo e economista, formulou a Teoria do Gap de Informação em seu artigo de 1994, "The Psychology of Curiosity".[12] Loewenstein é um dos principais nomes no campo da economia comportamental, uma disciplina que combina insights da psicologia e da economia para entender o comportamento humano em contextos econômicos. Segundo ele, a curiosidade é despertada quando percebemos uma lacuna em nosso conhecimento, entre o que sabemos e o que gostaríamos de saber. Essa "lacuna" cria um estado de desconforto mental, semelhante à fome ou à sede, que nos motiva a buscar informações para preenchê-la.

12. Loewenstein, G. The psychology of curiosity: A review and reinterpretation. *Psychological Bulletin*, v. 116, n. 1, p. 75-98, 1994.

A sua teoria tem aplicações em diversas áreas, desde marketing e educação até design de produtos, comunicação e, claro, aplica-se perfeitamente à haste dos nossos óculos. A curiosidade é o que nos motiva a questionar mais e não nos contentarmos com as coisas do jeito que são.

Do ponto de vista neurocientífico, a curiosidade ativa o sistema de recompensa do cérebro. Um estudo de 2014, publicado na revista *Neuron*,[13] mostrou que a curiosidade aumenta a atividade no núcleo *accumbens*, uma área do cérebro associada à recompensa. Isso sugere que somos "programados" para buscar e desfrutar de novas informações. Esse estudo foi um marco, pois estabeleceu uma ligação neurocientífica direta entre a curiosidade e o sistema de recompensa do cérebro.

Basicamente, quando estamos curiosos, nosso cérebro libera dopamina, um neurotransmissor associado ao prazer e à recompensa. Isso nos faz sentir bem e nos motiva a buscar mais informações ou a resolver problemas.

A curiosidade não apenas nos motiva a buscar novas informações, mas também melhora o aprendizado. Outro estudo, de 2021,[14] feito na Universidade da Califórnia, mostrou que estados de alta curiosidade melhoram a aprendizagem e a retenção de informações, mesmo para informações não relacionadas ao tópico que inicialmente despertou a curiosidade. O que justifica o fato de que pessoas curiosas têm mais repertório. Elas tentam furar a bolha, sabem a importância de ir em busca de novas referências, apenas pela curiosidade.

13. Gruber, M. J.; Gelman, B. D.; Ranganath, C. States of curiosity modulate hippocampus-dependent learning via the dopaminergic circuit. *Neuron*, v. 84, n. 2, out. 2014.

14. Murphy, C. et al. Temporal proximity to the elicitation of curiosity is key for enhancing memory for incidental information. *Learning & Memory*, v. 28, n. 2, p. 34-39, fev. 2021.

Um termo técnico que eu encontrei para explicar a curiosidade é buscarmos ser profissionais *T-shaped model*, no formato T.

O conceito de profissionais T-shaped sugere que a curiosidade é fundamental para o desenvolvimento de um conjunto diversificado de habilidades. Tim Brown,[15] CEO da IDEO, popularizou esse termo para descrever profissionais que são especialistas em uma área (a haste vertical do T), mas também possuem amplo conhecimento em várias outras áreas (a haste horizontal do T). Isso é alimentado pela curiosidade e é crucial para a criatividade.

E aqui vai um modelo para você preencher o seu T-Shape.

15. Brown, Tim. *Change by design*: how design thinking creates new alternatives for business and society. Boston: Harvard Business Press, 2009.

Logo, o que estou dizendo é que, além de ter conhecimento sobre a sua área de atuação, a vertical do T, na qual você é especialista, o topo da letra (haste horizontal), que defende a parte mais generalista, deve estar crescendo constantemente. Quanto mais curiosa a pessoa for, mais referências, conteúdos, livros, filmes ela irá querer experimentar. Dessa forma, maiores serão as suas chances de chegar a ideias criativas quando for preciso.

2. PONTE

A ponte dos "óculos criativos" simboliza a conexão, e essa metáfora não poderia ser mais apropriada. A conexão é o núcleo da criatividade, e há uma vasta literatura acadêmica e exemplos práticos que sustentam essa afirmação.

A teoria das redes neurais, de Donald Hebb,[16] é uma delas. Donald, psicólogo canadense, ficou famoso por criar a "regra de Hebb", princípio fundamental na neurociência e na psicologia que ajuda a explicar como as conexões sinápticas entre os neurônios se fortalecem com o tempo através do aprendizado e da experiência. A regra foi formulada em 1949 e é frequentemente resumida pelo ditado "neurônios que disparam juntos, permanecem juntos".

Em outras palavras, quando dois neurônios são ativados ao mesmo tempo, a força da conexão sináptica entre eles aumenta. Logo, a conexão, uma vez que acontece, permanece. Se isso acontece em nosso cérebro, é lógico pensar no seu desdobramento para o campo das ideias.

16. Hebb, Donald O. *The Organization of Behavior*: a Neuropsychological Theory. Londres: Routledge, 2002.

A regra de Hebb inspirou o universo de inteligência artificial (IA) e aprendizado de máquina, em que os algoritmos de aprendizado não supervisionado são usados em redes neurais artificiais para ajustar os pesos das conexões. Isso faz com que esse conceito seja especialmente relevante para a criatividade e a inovação. Ao entender como as conexões neurais se fortalecem, podemos criar ambientes e práticas que estimulem a formação de novas conexões e ideias.

Por exemplo, a exposição a novas experiências ou o aprendizado interdisciplinar podem fortalecer uma variedade mais ampla de conexões neurais, levando a insights e soluções criativas. Na prática, significa que conseguimos entender melhor o conceito de ponte (conexão) quando analisamos o surgimento de produtos/serviços que se destacaram no mundo:

1. **IPHONE.** Steve Jobs não inventou o telefone celular, o MP3 player ou a câmera digital. Em vez disso, ele conectou essas tecnologias de uma forma revolucionária. Claro que não precisamos entrar no mérito do brilhantismo na execução, design e outras características que fizeram do iPhone um dos produtos mais disruptivos e inovadores dos últimos anos, mas, quando analisamos na prática a grande estrutura, vemos que por trás dessa ideia está a conexão.
2. **AIRBNB.** Esse é outro exemplo de conexão. O Airbnb fez e faz tanto sucesso porque conectou pessoas que tinham espaço extra com aquelas que precisavam de um lugar para ficar. Não era uma ideia nova, mas a forma como foi conectada e escalada foi extremamente inovadora.

3. **CROSSFIT.** Essa modalidade fitness não inventou o levantamento de peso, a ginástica ou o treinamento de resistência. Em vez disso, conectou-os em um formato de treino altamente eficaz, com uma dinâmica social extremamente envolvente.

Em outras palavras, a ponte, ou, pura e simplesmente, "conexão", é fundamental para entendermos o universo criativo. Ela nos força a conectar pontos aparentemente desconectados e criar algo novo e valioso. E, como Steve Jobs disse uma vez, "criatividade nada mais é do que conectar coisas".

Portanto, a ponte dos óculos é a conexão entre os dois lados, é a conexão entre as duas hastes. O ato de conectar coisas, conectar assuntos, conectar referências com o seu dia a dia nada mais é do que o processo de ter ideias.

3. LENTES

Por fim, temos as lentes, elas que irão "filtrar" o que você vai ver.

Existe uma teoria chamada Teoria da Percepção Construída, na qual a neurocientista Lisa Feldman Barrett[17] argumenta que nossa percepção é uma construção ativa do cérebro, influenciada por nossas experiências passadas, crenças e até mesmo nosso estado emocional. Seu trabalho sugere que podemos "reconstruir" nossas percepções para ver o mundo de novas maneiras.

17. Barrett, Lisa F. *How Emotions Are Made*: The Secret Life of the Brain–How We Create Emotions Through Brain, Body, and Culture. Boston: Mariner Books, 2018.

Aqui também é possível falar do viés de confirmação, um conceito bem conhecido na psicologia que sugere que temos a tendência a tentar interpretar informações que confirmam nossas crenças existentes, o que pode limitar nossa criatividade ao nos impedir de ver novas alternativas para os desafios que enfrentamos.

De forma simples, entender e ajustar as suas "lentes" certamente abrirá novas possibilidades para o desenvolvimento do seu pensamento criativo. Ao ser consciente de como suas percepções são moldadas, e ao vivenciar o impacto entre os diferentes tipos de lentes, você se tornará uma pessoa mais curiosa, conectada, atenta e, claro, criativa.

Agora que você já foi devidamente apresentado aos óculos criativos, é hora de entender que lentes são essas.

A LENTE CONTRA ILUSÃO

Chegou a hora de provar para você que o seu cérebro te engana. Quer ver? Diferentemente de todos os livros que você já deve ter lido, em vez de pedir para deixar seu celular desligado, eu convido você a pegar seu celular e abrir o QR Code ao lado. Mas, depois de ver o vídeo, volte para cá e não seja engolido pelas redes sociais, combinado?

Aqui entra em ação nossa primeira lente dos óculos criativos, a lente contra a ilusão. Para entender melhor a lente contra a ilusão, precisamos entender a diferença entre VER e OLHAR.

"Ver" significa acionar o sentido da visão. Logo, vemos tudo. Desde o momento em que acordamos e abrimos os olhos, vemos tudo que acontece à nossa volta. Vemos TUDO. Mas não significa que olhamos para tudo.

Olhar é observar. Significa se relacionar com aquilo. A observação é uma ação extremamente poderosa. Duas pessoas podem ver a mesma coisa, mas ambas podem estar observando algo completamente diferente. Observar é ver com consciência, cuidado e consideração.

E é aí que está o aprendizado real. Quando não estamos apenas vendo, e sim observando, estamos enxergando algo com profundidade. Em outras palavras, ver é o processo físico, observar é criativo.

Eu adoro a expressão que diz "Observar é ouvir com os olhos". Quando estamos em estado de observação, fazemos conexões e compreensões muito mais profundas. Por isso, o convite aos óculos criativos nos ajuda a observar mais e melhor.

Para quem se interessa por esse assunto, recomendo o trabalho de Amy E. Herman. A autora do livro *Inteligência visual* é advogada, porém se especializou em História da Arte e criou um método que ajuda as pessoas, através da observação de obras de arte, a transformar a maneira como veem o mundo e a si mesmas.

Decidi trazer aqui um exemplo que Amy apresenta em seu livro.

Observe a imagem a seguir por 15 segundos e descreva o que você vê em apenas uma frase.

Um dos pontos que Amy aborda é a "cegueira por desatenção". Em 1999, Daniel Simons e Christopher Chabris, ambos psicólogos de Harvard, se propuseram a provar que, mesmo que os nossos olhos possam estar abertos e vendo diretamente alguma coisa em nosso campo de visão, nem sempre estamos de fato vendo.

Quer ver?

Garanto que você descreveu que viu a moça; se for mais observador, pode ter descrito a roupa que ela está vestindo, para onde está olhando, que ela parece estar segurando algo, e qual das pernas está à frente. Também imagino que você possa ter escrito sobre a árvore grande à esquerda e a ausência de folhas nela; e até aqui tudo ótimo, parabéns!

Mas talvez o mais chocante seja que você não tenha visto a letra C ao fundo da imagem.

Volte lá e olhe novamente.

Viu agora? Ou já tinha visto?

Note que a letra C não é uma ilusão, nem uma pegadinha, muito menos um truque fotográfico. Ela está lá, desde sempre, bem nítida, inclusive gigante em proporções quando a gente olha para a foto.

Outro grande exemplo que gosto de trazer quando o assunto é a lente contra a ilusão é o clássico personagem Sherlock Holmes. Se você não está familiarizado, Sherlock é o detetive fictício mais icônico da literatura, criado pelo autor britânico Sir Arthur Conan Doyle. Holmes é conhecido por sua inteligência aguçada, poderes de observação e dedução, e um raciocínio lógico quase infalível. Suas aventuras começaram nos livros, mas ganharam as telas de cinema e uma série com quatro temporadas.

Claro que, quando você assiste a um episódio ou alguma cena de um de seus filmes, tudo é bem sensacionalista; afinal, fazem parte de uma série de TV. Mas a essência do que estou querendo trazer aqui pode ser percebida na maneira como o personagem decide ver as coisas. E aqui vai mais um convite para você pegar seu celular, escanear o QR Code e dar uma olhada na cena.

Mas vamos voltar para a imagem com a letra C no fundo e analisar a importância dela na foto.

Perceber o C coloca a foto em uma localização única, pois basta uma rápida pesquisa e logo você saberá que se trata de um paredão de rocha com mais de 30 metros de altura, no lado do Bronx, em Nova York. E como o C tem 20 metros de altura por 20 metros de largura, possivelmente estamos falando de um dos maiores grafites da cidade. Ou seja, deixar de notar o C muda completamente o contexto do que estamos vendo.

Mas não se preocupe se você não viu o C, a finalidade do que estou dizendo aqui é justamente exercitarmos e afinarmos sua habilidade de observação. Inclusive, descobri recentemente esse homem que se propõe a acertar o lugar de onde fotos aleatórias foram tiradas:

Viu? Temos aí um Sherlock da vida real. Sem truques de televisão. Sem alegorias de Hollywood. O que vemos nada mais é do que a intenção de observar algo e buscar informações, detalhes, referências, placas, chegando a diferentes possibilidades. Para isso, só precisamos de uma coisa: QUERER. Estar dispostos a colocar esse nível de energia e esforço.

O que não pode acontecer é cairmos na armadilha de que tudo o que vemos, de fato, está ali. Por isso, vestir os óculos criativos e lembrar da lente contra a ilusão, que nosso próprio cérebro cria, é um exercício fundamental para desenvolvermos nosso potencial criativo.

A LENTE DA MULTIPLICAÇÃO

Aqui entra em ação a segunda lente dos óculos criativos, a lente da multiplicação. Eu costumo dizer o seguinte:

“NINGUÉM NUNCA TERÁ APENAS BOAS IDEIAS.
POR ISSO É PRECISO SEMPRE TER MUITAS”.

Precisamos desenvolver nossa capacidade de multiplicação. Por isso, essa é a segunda lente dos nossos óculos. E, mais uma vez, é impossível não falarmos sobre esse ponto sem abordarmos nosso querido cérebro, que, apesar de incrível, é preguiçoso, como já falamos. E, para tirá-lo dessa inércia, vamos fazer alguns exercícios.

Olhe para esta imagem e escreva as três coisas que você vê:

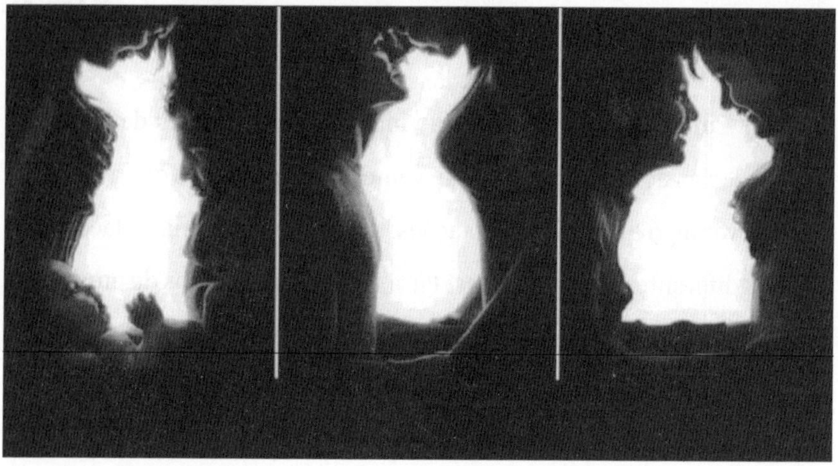

Agora diga: quais letras você vê aqui?

E aqui, quais animais você vê?

Acho que você já percebeu o que quero mostrar neste capítulo, certo? Afinal, não tem muito mistério, essa é a lente da multiplicação.

E o que significa isso? Significa que estamos constantemente forçando nosso cérebro a ver mais do que apenas uma coisa, para não nos contentarmos apenas com a primeira ideia, com o primeiro caminho, com o primeiro pensamento. Sabe por quê? Porque fazemos isso constantemente.

Como já dissemos, o nosso cérebro é preguiçoso. Logo, tudo o que ele quer é se livrar do desafio, é dar uma resposta e voltar ao descanso, voltar à inércia.

A lente da multiplicação é uma metáfora para nunca esquecermos a importância de sempre estarmos em busca de mais opções, de mais ideias, de mais hipóteses.

E, para conseguirmos isso, não há mistério nenhum. Basta exercitarmos. Basta tentarmos.

Vamos começar pelo último desafio: a foto do "safári".

Garanto que, depois de ler o que acabei de escrever, você vai olhar para essa imagem e vai encontrar algum animal que antes não tinha visto.

Viu só? Note que nada mudou na imagem. Nada mudou nas cores. A única coisa que mudou foi você, foi o seu olhar, foi você quem decidiu colocar a lente da multiplicação e procurar ver mais coisas além daquelas que já tinha visto.

Vamos ao segundo exemplo. Quais letras você viu nessa imagem? Agora observe novamente, com mais atenção.

Na verdade, nessa única imagem, temos todas as letras do alfabeto. Isso é louco, né?

E, por fim, a primeira imagem, que, para mim, é a mais reveladora. Tenho bastante convicção de que você viu três animais: um cachorro, um gato e um coelho.

Isso está errado? Não, claro que não. Mas está incompleto. Existe muito mais do que apenas três animais na imagem. Tente olhar novamente e acione a lente da multiplicação.

Viu? Sim? Se você viu só agora, provavelmente teve a seguinte reação: WOOOOOWWW, NÃO ACREDITO!!!!

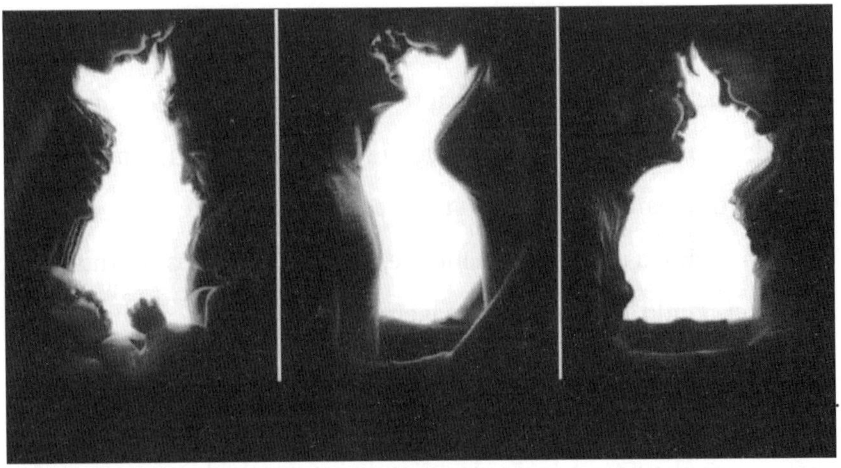

Se você não viu, vou ajudar. Tente mudar as cores da imagem.

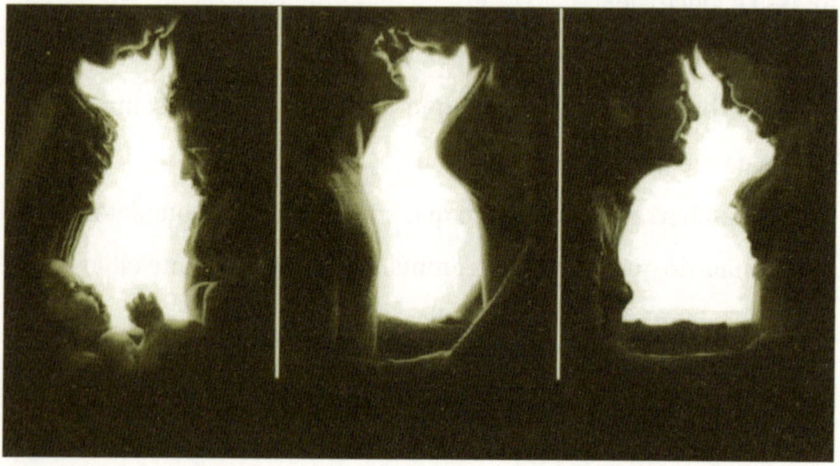

Viu só!? Na verdade, na primeira imagem, muito mais do que apenas um cachorro, podemos ver um bebê deitado, olhado para cima, além da figura de uma mulher e de um homem; além de um gatinho, vemos o que parecem ser duas pessoas frente a frente, uma olhando para cima, com as testas se tocando; e, por fim, podemos ver duas pessoas interagindo, e daí surge a imagem de um coelho.

A execução para se chegar a esse resultado, na minha opinião, já é brilhante. Mas eu fiquei ainda mais surpreso ao descobrir que essa foi uma campanha para adoção de animais desenvolvida por uma agência na Austrália. Então, tudo fez mais sentido; afinal, em uma família com um bebê existe espaço para um cãozinho, e entre duas pessoas sempre há espaço para um gatinho, ou para um coelho, ser adotado.

Isso é o que perdemos quando, muitas vezes, não colocamos nossos óculos criativos. Deixamos de ver muitas coisas simplesmente porque não estamos dispostos a olhar além do que vimos pela primeira vez.

Fazer esse exercício é fundamental para desenvolvermos nosso potencial criativo. E, não por acaso, este livro contém 10 desafios, que chamo de desafio "malhando o cérebro".

Quem quiser participar do desafio, envie um inbox no Instagram @jeanrosier dizendo "Estou lendo o livro e quero malhar o cérebro" que eu envio os desafios por lá.

CONECTANDO OS PONTOS

Eis que chegamos ao final do capítulo 5, no qual falamos sobre treinamento, movimento e experimentação da RODA do seu pensamento criativo.

Tudo começou quando falamos sobre as sinapses, e vimos que elas nada mais são do que um bate-papo entre os neurônios, e sim, eles falam sem parar. Afinal, toda vez que temos um novo pensamento ou uma nova ideia, lá estão eles se conectando. Também aprendemos sobre a bainha de mielina, meio fundamental para acelerar essas conexões. Afinal, quanto mais você treina, experimenta e testa, mais espessa sua bainha vai ficando e, consequentemente, mais conexões vão se formando.

A partir dessa fundamentação neurológica, partimos para a metáfora dos óculos criativos e suas lentes. Primeiro, entendemos a estrutura dos óculos: a base/haste é a curiosidade; a ponte entre as lentes são as conexões intencionais; e as lentes modificam a forma como vemos as coisas. Literalmente.

Precisamos estar muito atentos a isso, pois nosso cérebro nos engana. Por isso, a primeira lente é a lente contra a ilusão.

Também vimos o quão importante é a segunda lente, a lente da multiplicação, afinal, sempre conseguimos enxergar mais quando colocamos intenção para isso. Não se esqueça, ver e observar são coisas diferentes. No universo do pensamento criativo, a quantidade nos ajuda, sim, a chegarmos à qualidade.

E, claro, para não ficar somente na teoria, você embarcou no desafio malhando o cérebro, que o colocou frente a frente com dez desafios completamente diferentes, explorando desde lógicas visuais até desafios físicos, sempre com a intenção de tirar você da zona de conforto e provocar novas atitudes perante as situações do dia a dia.

Dessa forma, se você levou a sério este capítulo e se dedicou, tenho certeza de que entendeu a força do treino e da experimentação e, sem dúvidas, conseguiu colocar a sua RODA do pensamento criativo em movimento.

Agora, depois de todo esse treino, chegou a hora da ação, o momento de usarmos toda a nossa evolução cognitiva e criativa para entender a sistemática e colocar a mão na massa. Partiu?

CAPÍTULO 6

RODA EM AÇÃO

TIRAR A EMBALAGEM DO BOMBOM

Imagine que todo o desafio que está na sua pauta, mesa, e-mail, caderninho de anotações ou subconsciente se transforme, neste momento, em um delicioso bombom. Tipo esse. Que delícia, né!?

Agora, imagine que eu consiga teletransportar esse bombom da página do seu livro direto para a sua mão, fazendo com que, do nada, você o receba em suas mãos. Mais uma delícia, né?

Bem, infelizmente isso não é possível. As leis da física ainda não nos permitem fazer isso; porém, nada nos impede de usar o nosso poder de imaginação, concorda? Afinal, este é um livro sobre criatividade.

Então, seguindo essa linha imaginativa, se você estivesse segurando esse bombom eu perguntaria:

– Qual é o seu desafio para comer esse bombom?

Sua dieta? Sua intolerância a lactose? Não, não. O desafio que você tem para comer esse bombom é justamente o nome deste capítulo: "Tirar a embalagem", afinal, ninguém come bombom com embalagem. Eu sei que isso pode parecer óbvio demais, mas, quando levamos essa metáfora para o universo criativo, esse acaba sendo um dos principais problemas ao lidar com desafios de forma criativa, esquecemos de tirar a embalagem.

Então, esse é o primeiro ponto da sistemática criativa. Antes de criar, precisamos "despir" nossos desafios para conseguir ver o que realmente temos que solucionar. Isso significa entender os desafios, mergulhar nas suas especificidades, tirar as obviedades e os julgamentos precipitados, apaixonar-se pelos desafios. Portanto, não se esqueça: antes de comer o bombom, retire a embalagem.

Vou colocar outro desafio para que você veja o que isso significa na prática:

Um fazendeiro 👨‍🌾 morreu.
Perdeu sua casa 🏠, seu carro 🚗. e sua namorada 😻
o que perdeu primeiro?

Imagino que você, na urgência de responder, automaticamente leu e respondeu: A VIDA!

Se você respondeu isso, eu pergunto: estava gostoso o bombom com embalagem?

Sim, porque foi exatamente o que você fez: respondeu esse "desafio criativo" sem tirar a embalagem. Duvida? Vou reescrever agora, sem os emojis.

Um fazendeiro morreu. Perdeu sua casa, seu carro.

E sua namorada, o que perdeu primeiro?

Viu só?

– Ahhh, Jean, mas aí é uma pegadinha. Esse ponto final parece o escapamento do emoji do carro.

É... parece mesmo, mas não é. O ponto final sempre esteve ali, alguns o viram, outros não. Quem viu, respondeu certo, entendeu a pergunta, condicionou seu processo de pensar na resposta a partir da problemática certa. Conseguiu tirar a embalagem.

Quem não viu... bem, não viu, né... e aí comeu o bombom com a embalagem.

Quando trago o ponto de tirar a embalagem do bombom, é possível percebermos uma relação fortíssima com o tal "pensamento crítico".

Muitas vezes não raciocinamos quando nos deparamos com certos desafios criativos. Claro, a urgência do dia a dia e a necessidade de respostas "para ontem" contribuem para isso. Mas, antes de irmos em busca de respostas, precisamos entender que é fundamental dedicar um tempo para entender o desafio. Muitas vezes nossa reação natural é saltar para a primeira ideia ou conclusão, seja qual for a evidência.

Ainda pior do que isso é escolhermos soluções antigas para nos livrarmos do desafio, por deduzirmos, de imediato, que se trata do mesmo problema, ou, muitas vezes, investimos nossa construção de ideias a partir da problemática errada, justamente porque não focamos em tirar a embalagem.

Eu chamo isso de falta de metacognição – ou seja, deixamos de pensar sobre o pensamento, consequentemente, sobre o desafio em questão.

A metacognição ou a habilidade de "pensar sobre o pensamento" é um conceito bem estabelecido na psicologia cognitiva e na educação. Ela envolve a autorreflexão sobre nossos próprios processos mentais, estratégias de resolução de problemas e até mesmo nossas crenças e suposições.

John Flavell foi um dos pioneiros no estudo da metacognição, quando identificou que esta tem dois componentes principais: conhecimento metacognitivo (o que você sabe sobre como você pensa) e regulação metacognitiva (como você controla seu próprio pensamento).

A ideia aqui não é entrarmos profundamente nesses conceitos, mas principalmente trazer luz para os efeitos disso:

1. **SOLUÇÕES ANTIGAS, NOVOS PROBLEMAS:** a falta de metacognição pode nos levar a aplicar soluções antigas a novos problemas sem uma avaliação adequada. Isso é apoiado pela pesquisa em "fixação funcional", que é a tendência de ficar preso em usos anteriores para um objeto ou solução.
2. **SALTAR PARA CONCLUSÕES:** em seu livro *Rápido e devagar*, Daniel Kahneman sugere que, muitas vezes, confiamos em nosso sistema intuitivo (Sistema

1), em detrimento de nosso sistema mais lento e deliberativo (Sistema 2), especialmente sob pressão, e isso pode atrapalhar o entendimento real do desafio.

Logo, toda vez que você se deparar com um desafio criativo, lembre-se:

1. Cadê a embalagem?.
2. Entenda como essa "embalagem" funciona.
3. "Retire a embalagem" e observe o produto como ele de fato é. Encontre a raiz do problema.

Para não ficar somente nas metáforas, vou deixar 10 perguntas que podem ajudar você no processo de retirada da embalagem dos seus desafios:

1. O que é necessário para resolver esse desafio?
2. Quais benefícios teremos ao resolver isso?
3. O que não sabemos?
4. O que ainda não está claro para mim?
5. O que não é um problema?
6. Temos informações suficientes?
7. Quais são os limites desse desafio?
8. Podemos separar esse desafio em 2, 3, 4 ou mais partes?
9. Quais são os padrões?
10. Como nós vemos o desafio? E como o cliente vê?

Só assim, depois de ter clareza sobre o desafio, é que devemos avançar e, então, começar a criar. Note que, até aqui, não falamos em nenhum momento sobre criatividade, ideias, novos caminhos. Estamos apenas entendendo o que precisa ser resolvido. Isso parece ser contraintuitivo? Talvez, mas sugiro seguir em frente para conseguir entender melhor.

EXPERIMENTAR

Agora, chegamos à melhor parte do processo, que é experimentar o bombom. Fiz questão de usar a palavra EXPERIMENTAR – não usei comer, devorar ou qualquer outra palavra que remetesse ao ato de colocar tudo na boca e pronto.

Assim como na vida real, em que, muitas vezes, abrimos o bombom e enfiamos tudo na boca pela ânsia de comer logo aquele delicioso chocolate, quando estamos lidando com desafios criativos, fazemos a mesma coisa, nos esquecemos de saborear as diferentes possibilidades e alternativas para a solução daquele desafio. Nos atiramos logo de cara na primeira ideia, quase como se o nosso inconsciente estivesse enviando uma mensagem do tipo "deu, se livra logo do desafio e bora pra frente". E, na verdade, é o seu inconsciente que está enviando essa mensagem para você. Por isso, fique atento e não caia nessa.

Não podemos esquecer que nosso cérebro é preguiçoso, ou seja, ele vai fazer de tudo para evitar o esforço. Logo, para ele, a primeira ideia já parece ser suficiente; afinal, ela resolve aquele desafio, mas não significa que seja a melhor ideia. Na verdade, só existe uma forma de saber se ela é, de fato, a melhor ideia. Sabe como? Tendo vááárias outras para poder comparar. Faz sentido? Porque, se você só tem uma ideia, a chance de ela ser boa é de 50%. Mas, se você tiver 50 ideias e comparar essa ideia com as outras 49 e, de fato, ela for a melhor, aí as suas chances aumentaram substancialmente.

E esse é o ponto da experimentação. A experimentação é o exercício de ter ideias, pensar em diferentes soluções, criar novos caminhos. E essa deve ser a parte mais prazerosa do trabalho.

Pense que, se a sua profissão fosse *sommelier* de bombons, você teria que degustar diversos bombons para escolher o melhor bombom do mundo. Pois bem, você precisa se tornar um *sommelier* de ideias, experimentar muitas, criar muito, idear absurdamente. E esse é um trabalho quase mecânico. Depois que você perceber a lógica, entenderá como funciona e ficará muito mais fácil entrar no fluxo.

Imagine que você esteja criando sozinho; essa etapa funciona assim: preciso definir o nome para o app que estou lançando sobre exercícios físicos. Você abre uma página em branco no seu computador e começa a digitar, ou, se preferir, pega um papel e uma caneta e começa a escrever:

- Fit
- Smart fit
- Ser fit
- Emagrece
- Emagrecer sem sofrer
- Sem sofrer e emagrecer
- Exercita
- EEE – exercita e emagrece
- Se mexe
- App mexe
- Mexe mexe
- Sua
- Suor
- Sente o suor
- Ame o suor

E assim vai experimentando. Note que, às vezes, você vê um caminho e se aprofunda nele, aí abre outro caminho e faz o mesmo. A ideia é seguir experimentando, sem julgar, sem criticar, sem se preocupar se é bom ou ruim. Você, única e exclusivamente, vai CRIANDO.

– Ah, Jean, mas como funciona isso se eu não estiver sozinho?

Melhor ainda! Você poderá fazer várias rodadas em que cada pessoa jogará uma ideia de nome enquanto alguém vai anotando. No final de 15 ou 20 minutos eu garanto que vocês terão dezenas de opções.

Note que eu decidi não mostrar nenhuma técnica específica aqui para que você entenda que estamos falando da sistemática criativa. Nela, diferentes ferramentas existirão, e, quando esse momento chegar, você precisará estar pronto e disposto a trabalhar nesse fluxo de ideação.

COMO A INTELIGÊNCIA ARTIFICIAL PODE NOS AJUDAR NESSA ETAPA

Hoje em dia, quando pensamos em "criar", é quase impossível não conectarmos essa ideia diretamente com os avanços tecnológicos, especialmente aqueles ligados ao universo da inteligência artificial.

Por isso, decidi pedir para o ChatGPT escrever um capítulo sobre o tema. Aí vai:

Bem-vindo ao novo capítulo desta jornada criativa! Se antes falamos sobre a importância de experimentar, como se fôssemos sommeliers de ideias, agora vamos elevar o jogo. Imagine ter um assistente que trabalha 24/7, analisando milhares de dados, gerando insights e até mesmo propondo soluções criativas. Estamos falando de usar a Inteligência Artificial (IA) como uma ferramenta poderosa no processo criativo. Vamos mergulhar nisso!

AS VANTAGENS

Aceleração do processo criativo

A IA pode processar e analisar dados muito mais rapidamente do que um ser humano. Isso significa que você pode gerar mais ideias em um curto período de tempo, permitindo uma experimentação mais rica e diversificada.

Personalização

Com algoritmos avançados, a IA pode entender suas preferências e estilo, sugerindo ideias que são mais alinhadas com sua visão criativa.

Análise de dados

A IA pode analisar dados de mercado, tendências e comportamento do consumidor para sugerir ideias que não só são criativas, mas também viáveis e eficazes.

A DISRUPÇÃO

Democratização da criatividade

Com a IA, o ato de criar não fica mais restrito a um grupo seleto de "gênios criativos". Qualquer um com acesso a essas ferramentas pode experimentar e gerar ideias inovadoras.

Novas formas de arte e design

Já estamos vendo IA gerando música, arte e até mesmo roteiros de filmes. Isso abre um novo mundo de possibilidades e formas de expressão que ainda estamos apenas começando a entender.

O FUTURO DO ATO DE CRIAR

Colaboração homem-máquina

A IA não vai substituir a criatividade humana, mas sim ampliá-la. Imagine um futuro em que IA e humanos trabalham lado a lado, cada um potencializando as habilidades do outro.

Ética e responsabilidade

À medida que confiamos mais nas máquinas para serem criativas, também precisamos considerar as implicações éticas, como o viés algorítmico e a propriedade intelectual.

IA como um mentor criativo

No futuro, a IA poderá atuar como um mentor, usando dados e algoritmos para orientar o processo criativo, muito além de ser apenas uma ferramenta.

CONCLUSÃO

A IA está pronta para ser sua parceira no processo criativo. Ela oferece uma série de vantagens que podem acelerar e enriquecer sua experimentação. Mas, como qualquer ferramenta poderosa, vem com sua própria série de desafios e responsabilidades. O futuro é brilhante e cheio de possibilidades inexploradas. Então, o que você está esperando? Coloque seus óculos criativos e comece a experimentar com IA!

E aí, animado para essa nova era da criatividade?
Vamos juntos nessa jornada!

E aí, o que você achou?

Esse texto foi escrito em segundos. Não editei nada. Eu só tive que dar um comando e trazer um pouco de contexto. Agora, imagine usar isso diariamente para receber opções de nomes para o seu negócio? Em questão de segundos, você terá quantas opções quiser. Ou seja, quem não estiver usando a IA como assistente nesse momento, já está perdendo uma grande oportunidade de escalar suas opções dentro do processo criativo.

Obviamente, o processo não termina aqui, mas é impossível não se encantar com o universo de caminhos que se abrem quando começamos a ver e nos relacionar com a inteligência artificial como nossa aliada no processo de desenvolvimento criativo.

Então, agora que você já tirou a embalagem do seu desafio, experimentou dezenas (milhares, usando IA) de possibilidades para solucioná-lo e escolheu a melhor alternativa, chegou a hora de desenvolvê-la.

Isso mesmo, chegou a hora de você EMBALAR O SEU BOMBOM, no caso, a sua solução/ideia.

EMBALAR

Chegamos à parte final dessa sistemática.

Depois de termos:

1. Retirado a embalagem da quele desafio, ou seja, termos entendido de fato o que precisava ser solucionado.
2. Feito o dever de casa experimentando diversos tipos de ideias, caminhos e possibilidades, e escolhido a melhor.
3. Agora é hora de embalar, ajustar, afinar e, claro, desenvolver a sua ideia.

Veja quanta coisa já fizemos até chegar aqui. Parece fácil ter boas ideias, mas a verdade é que dá muito trabalho.

Chegamos à parte mais "racional" do processo. Poderia dizer que agora é ideal termos um olhar mais analítico sobre o que estamos discutindo.

No próximo capítulo, vamos falar com mais profundidade sobre isso, mas, por enquanto, vale uma rápida referência. Se na etapa anterior, de experimentar, nosso foco era mais em divergência, em buscar diferentes caminhos e criar possibilidades, aqui o nosso foco é a convergência.

Não se engane: pensamento criativo e pensamento analítico não são opostos. Eles são dois componentes fundamentais do processo de resolução de desafios. Podemos dizer que usamos a criatividade quando visualizamos e experimentamos diversas soluções para o desafio, e que usamos o pensamento analítico quando avançamos para realizar essa solução da forma mais eficiente possível.

Para simplificar, nessa etapa você vai colocar sua melhor ideia em evidência, aquela que passou por várias tentativas e se sustentou, da mesma forma como no início você fez várias perguntas para tirar a embalagem do seu desafio, lembra? Aqui, você estará embalando a sua ideia, logo, precisará fazer algumas perguntas importantes para minimizar as chances de algo dar errado.

Perceba que eu disse minimizar, afinal, toda ideia nova e, principalmente, inédita tem chances de não dar certo. O que devemos fazer é todo o esforço possível para minimizar esses riscos.

Então, aqui vão algumas perguntas:

1. O que precisamos para tornar essa ideia viável?
2. O que pode dar errado se ela for executada?
3. O que podemos fazer para deixá-la mais eficiente?
4. Quais são as barreiras para ela ser colocada em prática?
5. Alguém já fez algo parecido? Em nossa indústria? Fora dela? Se sim, quais foram os resultados?

E aqui algumas mais "provocadoras":

1. Como fugir do óbvio?
2. Como seria a manifestação dessa ideia de forma gráfica? E se fosse um evento? Ou uma campanha?
3. Como nosso principal concorrente faria?
4. Onde está a nossa essência/autenticidade?
5. Como simplificar essa ideia?

Viu só? Claro que essas não são as únicas perguntas a serem feitas, são apenas alguns exemplos.

Para ajudar você a entender melhor essa etapa, aqui vão alguns exemplos reais.

A Nike chegou à ideia de que seus tênis são muito mais do que produtos, são formas de manter os seus clientes vivos. Essa é uma grande ideia. Um belo conceito para um produto. Mas como embalar isso? Como expressar essa ideia de forma visual? Foi isso que eles fizeram:

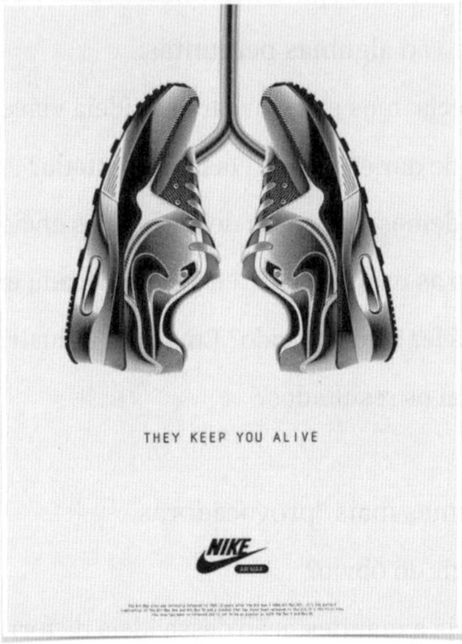

Perceberam a embalagem?

Outro exemplo é esse anúncio da Nívea:

Genial! Perceba que não está escrito nada, aparece apenas o produto. E, ao ver essa imagem, entendemos tudo. Embalagem de ideia. Nua e crua.

Esse da Nescafé segue a mesma linha:

Também gosto muito do exemplo desse ícone do clube de golfe Spartan.

Eles conseguiram combinar o golfe e o capacete de um guerreiro espartano. Embalagem impecável para a ideia.

E, por fim, esse clássico da *Tour de France*, uma das maiores e mais concorridas corridas de ciclismo do planeta.

E, assim, depois de passar pelas três etapas, você terá a sua IDEIA embalada, forte, parruda, poderosa e consistente. Gostou?

Então, vamos repassar tudo.

CONECTANDO OS PONTOS

Este foi o capítulo em que mergulhamos no sistema criativo.

Reforço aqui a visão autoral desse raciocínio. E também reforço que não existe nenhuma verdade absoluta aqui. É apenas a forma como eu vejo e que decidi "imortalizar" neste livro.

Agora, olhando para esse sistema de forma mais rápida, é fácil perceber que não tem muito mistério. E eu tentei criar algo que simplificasse a forma como vemos o nosso processo de ter ideias. Menos é mais, e usar a metáfora do bombom ainda torna o processo mais divertido (apesar do gatilho para o chocolate).

Mas, recapitulando:

Tudo o que trago neste livro serve para encontrarmos formas novas de resolver o quê? DESAFIOS! E os desafios são qualquer coisa que esteja na sua pauta, mente ou caderninho, ou seja, primeiro você precisa entender o seu desafio. O convite é olharmos todos os nossos desafios como deliciosos bombons. Porém, bombons que vêm com uma embalagem. E devemos tomar muito cuidado para não cairmos na tentação de comer o bombom sem tirar a embalagem. Por mais absurdo que pareça, quando usamos a analogia do bombom, quando estamos falando de desafios criativos, é o que geralmente acontece. Não prestamos atenção e acabamos nos precipitando em criar, ter ideias, antes mesmo de entender o desafio perfeitamente.

Depois de tirarmos essa embalagem, vamos para a parte boa do processo: COMER, ou melhor, CRIAR, imaginar possibilidades, experimentar caminhos, ter ideias – muitas, o maior número possível de ideias. Sim, aqui a quantidade é importante. Precisamos nos apaixonar pelo PROCESSO de experimentação, de ideação. Sem medos, julgamentos ou expectativas de chegar à ideia perfeita.

Gosto muito de dizer que "você não encontra a ideia perfeita, você constrói a ideia perfeita". E essa construção precisa de esforço, transpiração e, claro, tentativa e erro. Lembrando que fazer isso ficou muito mais fácil hoje em dia, com o auxílio da inteligência artificial conseguimos chegar em um volume absurdo de opções em questão de segundos.

Fez isso? Já experimentou dezenas, centenas de opções? Ótimo, chegou a hora de você escolher a(s) melhor(es) para poder avançar. Avançar para nossa última etapa: EMBALAR.

Nessa etapa, entramos no modo mais analítico, porém, sem nunca deixar de lado o olhar criativo; afinal, os dois devem andar juntos. Aqui a ideia é minimizar as chances de erro e trabalhar no aprimoramento da ideia, deixando-a visualmente atraente, robusta e o mais próximo da sua finalização.

Ufa, não é fácil, né? Mas, ao mesmo tempo, não tem mistério algum. Não tem DOM, o que tem é TRABALHO.

CAPÍTULO 7

FERRAMENTAS PARA A RODA

PARA QUE SERVEM

Estamos chegando à reta final sobre o entendimento da RODA do pensamento criativo. Essa última etapa não é menos importante; na verdade, ela é superimportante. Por isso, deixei ela por último. E essa etapa nada mais é do que o meio, o guia para os diferentes caminhos que vamos avançar. E estou falando das ferramentas.

Outro dia estávamos na praia, na casa de uns amigos para descansar e aproveitar uns dias de folga. Uma dessas casas que parecem ter saído direto das nossas melhores ideias de férias: perto do mar, um lindo jardim, sombra das árvores e muito espaço para o Rui, nosso cachorro, correr e brincar livremente.

Em uma tarde especialmente tranquila, decidi brincar com ele no jardim, jogando seu brinquedo favorito: um osso de borracha que ele adora brincar. E, como todo bom dono de cachorro, às vezes me empolgo demais com o lançamento do osso para ele ir buscar. Foi exatamente o que aconteceu: fiz um arremesso caprichado, com força suficiente para mandar o brinquedo muito longe. Só que não contava com um detalhe: o osso ficou preso num galho no alto de uma árvore, fora do nosso alcance.

O Rui imediatamente começou a latir, pular e tentar resolver a situação sozinho. Como todo cachorro determinado, ele acreditava que, com esforço e persistência, conseguiria alcançar o brinquedo. Olhei para ele, admirando sua energia incansável, mas também percebendo claramente que aquilo não resolveria nada.

Depois de uns minutos observando a cena, resolvi agir. Peguei uma vassoura velha que estava encostada na parede da varanda e, com um pequeno esforço, rapidamente consegui derrubar o osso do galho, devolvendo a alegria ao nosso querido Rui. Enquanto ele saía correndo todo feliz com seu osso recuperado, percebi que aquilo não era só uma brincadeira casual, mas uma ótima metáfora para a importância das ferramentas.

Ferramentas são isso: extensões de nós mesmos. São recursos que multiplicam nossa capacidade natural de resolver problemas. Sem uma ferramenta adequada, somos como o Rui diante daquela árvore – tentamos, insistimos, gastamos energia, mas frequentemente acabamos frustrados.

Ao longo da minha trajetória profissional e pessoal, tive momentos quando resisti a utilizar ferramentas criativas. Muitas vezes pensei que o "verdadeiro criativo" deveria ser capaz de resolver tudo sozinho, sem "ajuda externa". Mas hoje entendo o quanto essa perspectiva estava equivocada.

Ferramentas criativas são como aquela vassoura que peguei na varanda: atalhos inteligentes, estratégias práticas e eficazes que simplificam desafios e multiplicam nossos resultados. Usar uma ferramenta não diminui seu valor ou criatividade – pelo contrário, potencializa sua capacidade de superar desafios de maneira mais eficiente e com menos desgaste.

Por isso, neste capítulo, convido você a abraçar as ferramentas criativas que trago aqui. São técnicas práticas e rápidas, pensadas especialmente para facilitar o seu caminho criativo. Da próxima vez que sua ideia estiver presa no alto de uma árvore metafórica, você saberá exatamente onde buscar ajuda.

E o Rui certamente aprovaria.

Ferramentas são nossas bússolas e, como toda bússola, servem para nos guiar, para que não nos percamos e não confundamos norte com leste, ajudando-nos a saber qual direção decidimos seguir e a nos manter focados nela.

Já ouvi muita gente condenar ferramentas e processos criativos, alegando que eles possuem limitações. Limitação da criatividade e limitação das possibilidades. Eu discordo plenamente disso.

Diferentemente do Google Maps, que nos diz exatamente aonde devemos ir, quando virar à esquerda, quantos metros estamos do local, a bússola não limita nosso caminho, ela aponta a direção. E, a partir dela, nós decidimos se vamos de carro, a pé, se vamos dobrar à esquerda ou à direita. Logo, não existe limite algum aqui em termos criativos.

Quando o assunto é limite de possibilidades, há outro ponto bem fácil de explicar. Hoje em dia existem centenas de ferramentas e processos criativos, basta sabermos qual queremos experimentar. Sendo assim, ao invés de ver os processos e ferramentas como limitantes, vejo-os como propulsores da capacidade criativa.

Quem nunca passou por um bloqueio criativo quando simplesmente ouviu de alguém: “Precisamos de ideias criativas para isso”. Sem ferramentas, ficamos perdidos, é muito mais difícil sairmos da inércia ou darmos o pontapé inicial. Quando adquirimos o hábito e temos diferentes ferramentas à disposição, elas se tornam nosso pontapé inicial e nosso porto seguro.

Portanto, aqui, sempre falarei de ferramentas e processos como forma de ampliarmos nossa forma de pensar, criar e imaginar diferentes alternativas, ideias e caminhos. Mas é claro que, se você não tiver feito o seu dever de casa, que é passar por todas as etapas anteriores da RODA, elas certamente vão perder a eficiência e a eficácia.

Depois de identificar, treinar e malhar o seu cérebro e entender a sistemática do bombom, chegou a hora de aproveitar as inúmeras possibilidades de estímulos que as diferentes ferramentas que existem vão trazer para você.

Mas, antes de falarmos sobre algumas dessas ferramentas, precisamos entender qual é o máximo de proveito que cada uma delas pode nos proporcionar. Precisamos falar sobre divergir para convergir. Não entendeu? Vá para a próxima página :).

DIVERGIR PARA CONVERGIR

Chegando até aqui, você já entendeu que pensar de forma criativa é uma capacidade natural de todos os seres humanos. Existem dinâmicas previsíveis e estágios conhecidos para isso.

Existe uma linguagem comum e guias que nos ajudam a pensar e colaborar de maneira mais efetiva. Assim como as batidas do nosso coração ou a nossa própria respiração, pensar de maneira criativa tem seu próprio ritmo e se dá de modo inconsciente e natural. Geralmente se expande e se contrai. Instintivamente, abrimos diversas possibilidades antes de limitar as nossas escolhas.

O psicólogo J. P. Guilford chama esse fenômeno de pensamento "divergente" e "convergente", e, segundo ele, para libertamos nossas conclusões criativas, precisamos deliberadamente separar esses dois processos.

É importantíssimo lembrarmos que durante o processo de geração de ideias passamos por duas etapas.

A primeira delas é a DIVERGÊNCIA. Na etapa da divergência, o objetivo é expandir, gerar diversas opções, combinar ideias, alongar ao máximo pensamentos inusitados e aparentemente sem sentido.

Durante o processo de divergência, temos que nos permitir sonhar, imaginar e brincar, deixando nosso lado racional adormecido e esquecido. Usamos essa etapa para combinar ideias, propor possibilidades fora da caixa, tudo sem nos preocuparmos com o julgamento, tanto o seu quanto o dos outros.

Imagine que, na lógica DIVERGENTE, estamos parados em frente à geladeira com a porta aberta, olhando o que tem dentro e imaginando as diversas combinações de tudo que poderíamos fazer para jantar.

A segunda etapa é a CONVERGÊNCIA. Na etapa da convergência, precisamos filtrar o resultado gerado pela divergência. Estou falando de analisar as ideias, deixando de lado aquelas que estão fora do alvo e focando as que, aparentemente, têm mais possibilidades de resolver o nosso objetivo. Essa etapa ocorre quando passamos uma peneira em tudo o que criamos e começamos a convergir, a afunilar, até chegarmos às melhores ideias.

Porém, ATENÇÃO!

Precisamos ter muito cuidado nesse momento para não deixar que o nosso lado racional faça as escolhas, deixando para trás todas as novas ideias e alternativas, única e exclusivamente por serem diferentes.

Muitas vezes, associamos o pensamento divergente com a criatividade e não incluímos o pensamento convergente na equação. E é aí que a gente se engana! O processo de convergência é tão importante quanto o processo de divergência. Se fizermos o processo de convergência de maneira errada, colocamos tudo a perder. E, quando isso acontece, geralmente usamos a seguinte frase: “Vamos seguir o que fizemos no ano passado, já funcionou, vamos na certa”.

Você já passou por isso? Certamente sim. Já ouviu ou falou isso diversas vezes? Sabe por que isso é comum? Porque somos seres humanos, e a evolução da nossa espécie fez com que tivéssemos uma necessidade compulsiva por segurança e uma aversão natural ao novo, a coisas novas. Portanto, novas e boas ideias não vão ter chance alguma de passar pelo filtro da convergência se você não estiver atento a isso.

Para te ajudar nessa tarefa, aí vão três dicas:

1. Seja afirmativo e positivo: concentre-se no que você deseja e enfatize o que aprecia nas suas escolhas. Foque nos pontos positivos e esqueça os negativos.
2. Lembre-se de escolher algo que faça sentido para você, mas que também faça sentido para o negócio, para a questão a ser resolvida. Não deixe que o seu gosto pessoal tome conta da sua decisão. Pense no objetivo final daquela ideia, naquilo que precisa ser resolvido.
3. Mantenha vivo o seu senso de novidade. Apaixone-se pelo inédito, pelo original, pelo novo. Não se deixe levar pelo medo do desconhecido. Lembre-se de que uma solução criativa é nova e valiosa; se você matar a novidade, você mata a criatividade.

Naturalmente, existem pessoas que são mais propensas a divergir e outras a convergir. Por isso, aí vai um guia para você entender melhor como se comportar em grupos que possuem ambos os modelos mentais.

PENSAMENTO DIVERGENTE	PENSAMENTO CONVERGENTE
→ Adie o julgamento	→ Seja afirmativo
→ Foque na quantidade	→ Reveja os objetivos
→ Faça conexões	→ Tome decisões
→ Busque algo novo	→ Mantenha a novidade viva

Seguindo a lógica da geladeira, a etapa de convergência é quando pegamos o presunto e o queijo e adicionamos a geleia de amora para fazer nosso sanduíche agridoce :)

Em outras palavras, pensamento divergente é quando você se conecta com possibilidades; e pensamento convergente é quando você se conecta com a mais promissora possibilidade de atingir seu objetivo.

Para ficar ainda mais fácil de entender, pense em um chuveiro e em um funil. O chuveiro representa a chuva de ideias, a divergência, enquanto o funil representa a convergência. Fácil, né?

Divergir para convergir: esse é o coração do processo criativo, esse é o fluxo sanguíneo dos novos pensamentos.

Muito bem, agora você está pronto para conhecer alguns processos e ferramentas.

CAPÍTULO 8

TIPOS DE FERRAMENTAS

FERRAMENTA 1:
Caixa de ideias

FICHA TÉCNICA:

Objetivo do processo: criar combinações novas a partir de parâmetros estabelecidos
Número de jogadores: individual
Material necessário: folhas A4 e caneta
Duração: 20 a 30 minutos
Presencial e on-line

Você já ouviu falar do Dr. Fritz Zwicky? Ele foi um astrônomo suíço e um verdadeiro faixa vermelha em astronomia teórica e observacional. Zwicky passou a maior parte de sua vida no Instituto de Tecnologia da Califórnia, nos Estados Unidos. Em 1933, ele fez algo incrível: foi o primeiro a usar o teorema do virial para sugerir a existência de matéria escura invisível.

Mas o que isso tem a ver com criatividade? Bem, Zwicky também é o pai da "Caixa de Ideias", uma técnica que nos ajuda a sermos verdadeiros mestres na arte de criar. A Caixa de Ideias é como um dojo, algo como o tatame, mas é o ambiente onde treinamos nosso pensamento criativo, combinando diferentes "golpes" ou parâmetros para criar algo totalmente novo.

Imagine que você tem um baralho. Cada naipe (copas, espadas, paus e ouro) representa um parâmetro diferente do desafio que você está enfrentando. E as cartas com esses naipes? Ah, essas são as variações desses parâmetros.

O truque é misturar essas cartas, ou melhor, esses parâmetros e suas variações, a fim de criar algo totalmente novo. É como se você estivesse em um tatame, combinando diferentes golpes de artes marciais para criar uma sequência de movimentos única e eficaz.

Então, da próxima vez que você se encontrar em um beco criativo sem saída, lembre-se do Dr. Fritz Zwicky e seu dojo da criatividade. Coloque seus óculos criativos, abra sua Caixa de Ideias e comece a misturar esses parâmetros. Você ficará surpreso com as combinações e as novas ideias que surgirão.

Por exemplo, vamos imaginar que você trabalhe no setor de marketing de uma escola de atividades criativas, como a Perestroika. O desafio é criar uma extensão de negócios para a escola ou qualquer outra ideia para ajudar o negócio a prosperar.

Mas, antes, vamos definir quais são os parâmetros:

- Tipo de atividade
- Público-alvo
- Plataforma de ensino
- Produtos adicionais

Agora, vamos listar algumas variações para cada parâmetro:

Extensão de negócios para escola de atividades criativas:

TIPO DE ATIVIDADE

- Artes visuais
- Música
- Escrita criativa
- Programação
- Dança

PLATAFORMA DE ENSINO

- Presencial
- On-line
- Híbrido
- Workshops
- Cursos intensivos

PÚBLICO-ALVO

- Crianças
- Adolescentes
- Adultos
- Idosos
- Empresas

PRODUTOS ADICIONAIS

- Material didático
- Certificados
- Kits criativos
- Webinars
- Consultoria

A partir dessas variações, vamos fazer uma combinação aleatória: Programação, Adolescentes, On-line e Kits criativos.

Isso nos leva à ideia de criar um curso on-line de programação para adolescentes, em que os alunos recebem um "Kit criativo" com material didático e ferramentas para experimentar em casa. Além disso, podemos oferecer *webinars* mensais com profissionais da área para enriquecer o aprendizado.

Viu como funciona?

A "Caixa de Ideias" nos ajuda a enxergar novas combinações e possibilidades, estimulando nosso pensamento criativo. A chave é mudar a forma como percebemos as coisas para descobrir novas ideias e conexões.

FERRAMENTA 2:
Sprint criativo: 3/12/3

FICHA TÉCNICA:

Objetivo do processo: limitar o tempo para dar mais ênfase a ideias espontâneas
Número de jogadores: 2 a 10 pessoas
Material necessário: caneta, post-it, tapa-olho
Duração: 20 a 30 minutos
O processo se aplica tanto no presencial quanto no on-line

Em 1948, Alex Osborn publicou o livro *Your Creative Power*, que acabou se tornando um clássico na literatura da criatividade aplicada, e depois publicou vários outros livros, artigos e técnicas dentro do universo criativo.

Mas não queremos falar agora de Alex Osborn, nem mesmo do famoso *brainstorm*, e sim apresentar o processo Sprint Criativo 3/12/3.

Essa técnica é guiada por três momentos distintos:

- 3 minutos para gerar ideias.
- 12 minutos para combinar essas observações em conceitos.
- 3 minutos para criar novas ideias a partir das combinações encontradas.

São apenas 18 minutos, o tempo máximo de um TED.

Mas não se engane, é possível falar e fazer muita coisa em 18 minutos, desde que você esteja focado, ou seja, o essencial para essa técnica funcionar é respeitar o tempo de cada etapa e entender o que cada uma exige.

Essa urgência acaba forçando decisões espontâneas, intuitivas, e elimina aquele processo de ruminação lenta e julgadora que tendemos a ter quando estamos criando.

Como o processo funciona na prática:

DEFININDO O DESAFIO

Vamos supor que você trabalhe em uma startup de alimentação saudável. O desafio é criar o "lanche do futuro". Antes de começar, simplifique o desafio para apenas duas palavras: "Lanche Futuro". Isso ajuda a focar na essência antes de se perder em detalhes.

Primeira etapa: 3 minutos de ideias

Cada pessoa tem 3 minutos para anotar o máximo de ideias em post-its. Pense em palavras como orgânico, portátil, nutritivo, saboroso etc. Nessa fase, a regra é clara: sem julgamentos.

Segunda etapa: 12 minutos de desenvolvimento

Agora, forme duplas e coloque todos os post-its em um mural. Uma pessoa de olhos vendados escolhe 3 post-its aleatoriamente. Sim, vendados. Isso adiciona um elemento lúdico e quebra a tensão durante a atividade.

Cada dupla tem 12 minutos para desenvolver um conceito para cada post-it. Pode ser um esboço, um protótipo ou até uma apresentação rápida.

Dica: Coloque uma playlist animada para manter a vibe criativa.

Terceira etapa: 3 minutos de apresentação

Cada dupla tem 3 minutos para apresentar seus conceitos. Depois, você pode votar nas melhores ideias, refiná-las ou até fazer uma nova rodada com novos desafios.

CONCLUSÃO

O Sprint criativo 3/12/3 é uma técnica poderosa que combina foco e velocidade. Em apenas 18 minutos, você pode sair com ideias inovadoras e conceitos bem desenvolvidos. É uma espécie de processo turbo que mostra que a criatividade não precisa de horas a fio, apenas de foco e um pouco de diversão.

FERRAMENTA 3:
Mapa de contexto

FICHA TÉCNICA:

Objetivo do processo: desenvolver uma visão sistêmica para entender melhor os cenários
Número de jogadores: 5 a 25 pessoas
Material necessário: caneta, 6 folhas de flip chart, fita adesiva
Duração: 45 a 90 minutos
Presencial e on-line

"Content is king but context is the kingdom." Adoro essa frase do Dave Ulrich. "Conteúdo é o rei, mas o contexto é o reino."

Nessa era de extensa produção de conteúdo, sempre surge a pergunta: o que eu preciso fazer para me destacar? Como faço as pessoas conhecerem o meu produto ou serviço?

Essas e outras perguntas fazem parte do dia a dia de 99% das pessoas. E a resposta que mais tenho ouvido é: CONTEÚDO. Você precisa criar um bom conteúdo.

Se eu discordo disso? Claro que não! Assim como Dave, acredito que o conteúdo é o REI e isso não mudará tão cedo.

Mas não podemos nos esquecer de que, onde existe um rei, existe um REINO. E, nesse caso, estamos falando do CONTEXTO.

Já o contexto, ah... esse está mudando bastante. Pense nesses seis segmentos: econômico, tecnológico, social, político, ambiental e demográfico. Tem muita coisa se transformando, o tempo todo.

Portanto, uma boa forma de nos prepararmos para esse momento é mergulharmos profundamente e entendermos muito bem o contexto em que estamos inseridos, quais os movimentos, tendências, pilares de sustentação para, aí sim, criar conteúdos que estejam de acordo com o que descobrimos. Caso contrário, poderemos cair na armadilha de fazer mais do mesmo.

E o mapa de contexto ajuda muito nesse sentido.

PREPARAÇÃO

OBJETIVO: Você se sentir pronto para aplicar essa ferramenta com seu time ou grupo de pessoas. Recomendamos grupos de, no mínimo, cinco pessoas.

MONTAGEM DO MAPA

PASSO 1: pendure 6 folhas de flip chart na parede, formando duas fileiras de três colunas.

PASSO 2: no centro da fileira de cima, desenhe a representação da empresa ou projeto em questão. Vamos usar uma escola de música on-line como exemplo e chamá-la de MusicaON.

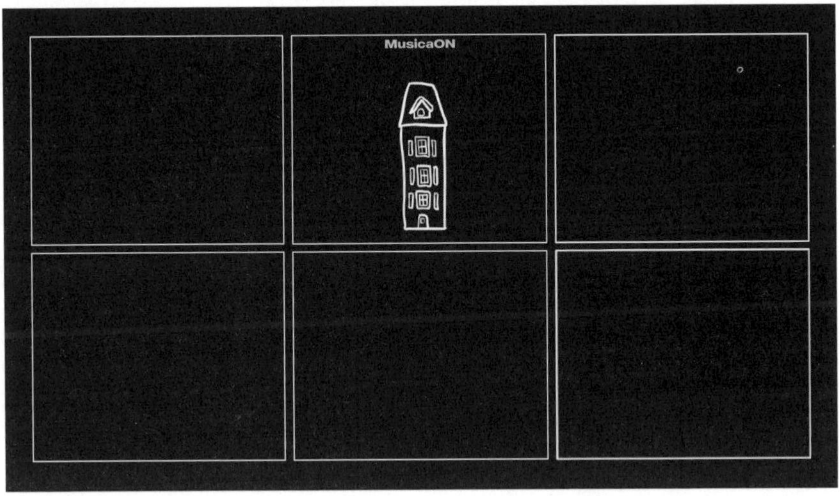

PASSO 3: nessa mesma folha, escreva "Fatores Políticos" no canto superior esquerdo e "Fatores Econômicos" no canto superior direito.

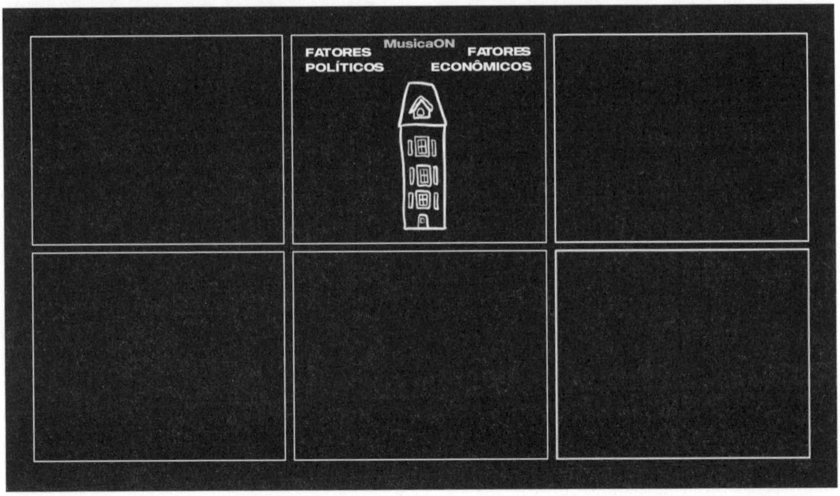

PASSOS 4-5: nas folhas acima, à esquerda e à direita, escreva "Tendências" e desenhe flechas apontando para o centro. Deixe espaço para qualificadores.

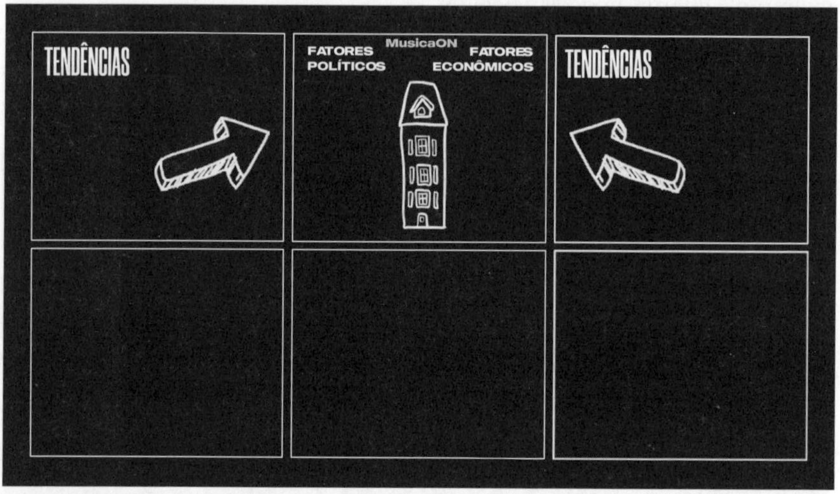

PASSO 6: na folha abaixo à esquerda, desenhe uma flecha apontando para cima e para a direita. Nomeie essa folha como "Fatores Tecnológicos".

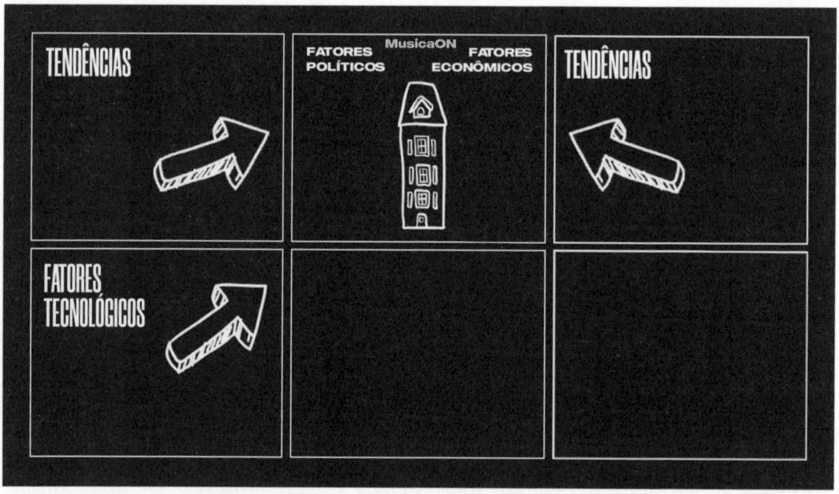

PASSO 7: no centro da fileira de baixo, desenhe algo que represente seus clientes e nomeie como “Necessidades do Cliente”.

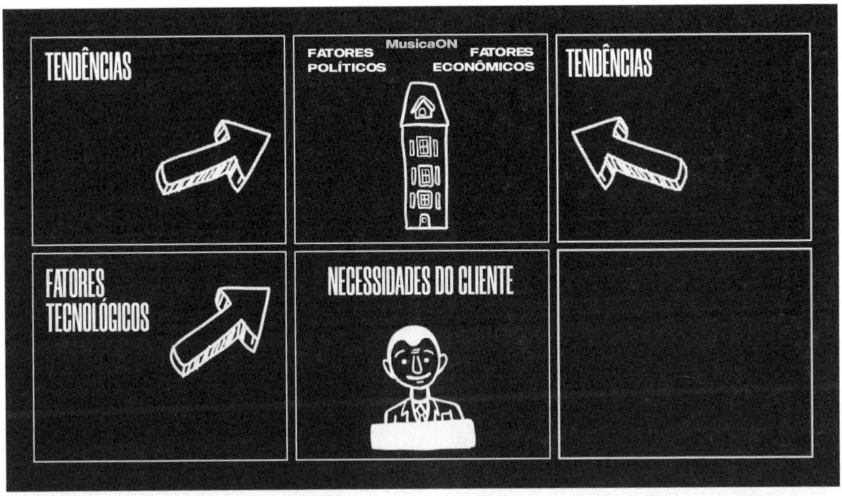

PASSO 8: na folha abaixo, à direita, desenhe uma nuvem e nomeie como “Incertezas”.

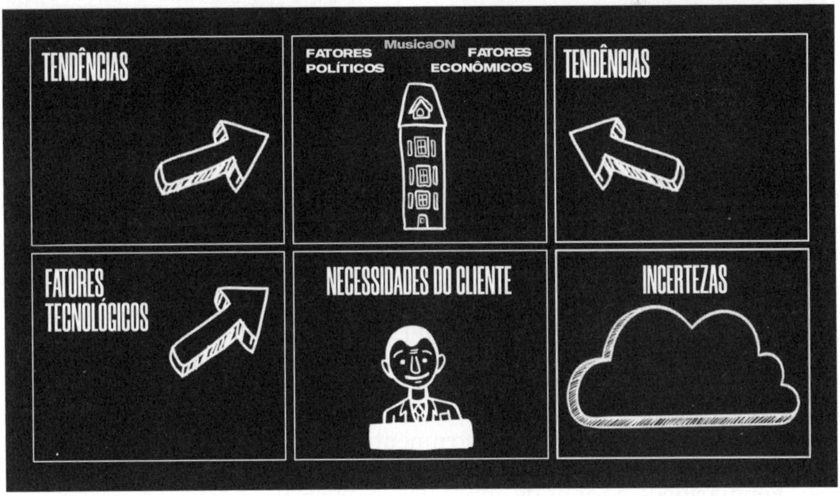

PREENCHIMENTO DO MAPA

PASSO 1: apresente o mapa e explique o objetivo. Comece a discussão por qualquer categoria, exceto "Tendências".

PASSO 2: preencha as categorias com insights do grupo. Por exemplo, em "Fatores Políticos", você pode incluir coisas como "Leis de direitos autorais" ou "Subsídios para educação musical".

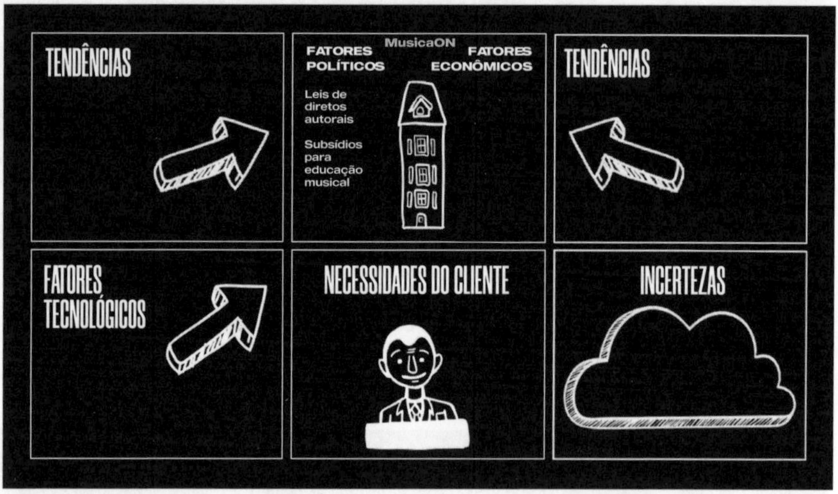

PASSO 3: depois de discutir e preencher as outras categorias, chegou a hora de abordar as "Tendências". O grupo decide, por meio de uma votação rápida, focar em "Tendências de Consumo" e "Tendências Educacionais".

Exemplos de tendências de consumo:

- Aumento do consumo de aulas on-line.
- Crescimento na venda de instrumentos musicais para iniciantes.
- Popularidade de apps de aprendizado musical.

Exemplos de tendências educacionais:

- Gamificação na educação musical.
- Cursos de música inclusivos e diversificados.
- Certificações e microcredenciais em música.

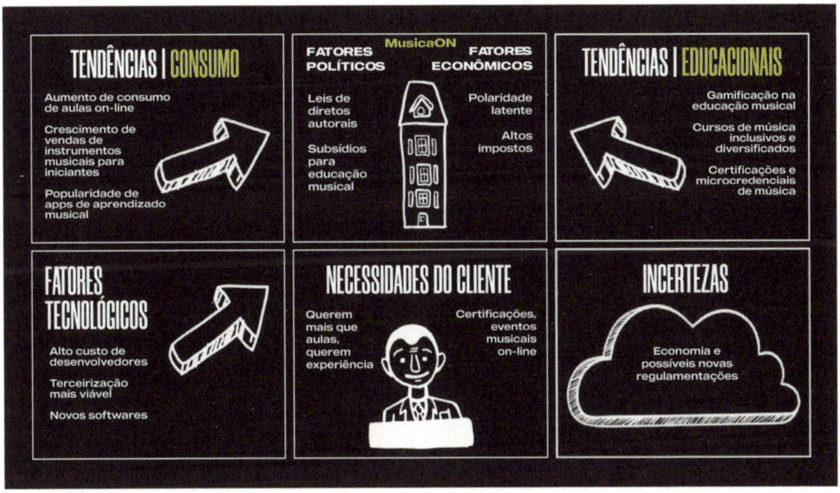

INSPIRAÇÃO

PASSO 4: Resumo geral e discussão.

Agora que o mapa está completo, é hora de fazer um resumo geral. Reúna o grupo e discuta as seguintes questões:

OBSERVAÇÕES: “Notamos que as leis de direitos autorais estão ficando mais rigorosas, o que pode afetar nosso conteúdo.”

PERCEPÇÕES: “Parece que há uma grande demanda por aulas mais interativas e gamificadas, talvez devêssemos explorar mais isso.”

DESCOBERTAS: "Ficou claro que nossos clientes querem mais do que apenas aulas; eles querem uma experiência completa, que pode incluir certificações e acesso a eventos musicais on-line."
PREOCUPAÇÕES: "As incertezas sobre a economia e possíveis novas regulamentações podem afetar nosso modelo de negócios. Precisamos estar preparados para adaptar rapidamente."

Depois dessa discussão, você consegue priorizar as ações necessárias nesse caso, focando primeiro em melhorar a interatividade das aulas e explorar parcerias para oferecer certificações.

FERRAMENTA 4:
SCAMPER

FICHA TÉCNICA:

Objetivo do processo: melhorar produtos e/ou serviços a partir de perguntas
Número de jogadores: 1 a 10 pessoas
Material necessário: caneta, folha A4
Duração: 15 a 30 minutos
Presencial e on-line

SCAMPER é uma ferramenta de criatividade que foi desenvolvida por Bob Eberlee para gerar ideias criativas em grupo. Eberlee escreveu o livro *Scamper: Games for Imagination Development* em 1971, que detalhava como usar essa técnica para estimular o pensamento criativo e resolver problemas de forma eficaz.

Eberlee foi influenciado pelo trabalho de Alex Osborn, que já mencionamos há pouco, e desenvolveu essa técnica como uma forma mais estruturada de gerar ideias inovadoras. A técnica é amplamente usada em ambientes educacionais, empresariais e de design para estimular o pensamento "fora da caixa".

O SCAMPER trabalha com um conjunto de sete verbos-operadores ou disparadores, que permitem a exploração de diferentes formas de transformar um objeto, sistema, processo ou serviço. E a palavra SCAMPER é um acrônimo em que cada letra representa uma palavra:

S ubstituir
C ombinar
A daptar
M odificar
P ropor novos usos
E liminar
R everter/Reorganizar

Esses verbos operadores geram perguntas para se fazer em relação a produtos e/ou serviços que existem no mercado ou na sua empresa. Ao usar o SCAMPER, você abre novas oportunidades de análise e "força" seu pensamento criativo a imaginar novas soluções para questões que já existem na sua vida ou no seu trabalho.

Outra forma de ver o SCAMPER é como uma lista de verificação que ajuda a pensar em alterações que podem ser feitas em um produto ou serviço existente, a fim de criar um novo produto ou serviço. Você pode usar essas mudanças como sugestões diretas ou como pontos de partida para o pensamento criativo.

Vamos ao processo na prática.

Imagine que você trabalha em uma empresa que fabrica cafeteiras. A proposta é usar o SCAMPER para pensar em novas maneiras de inovar no design, funcionalidade ou até mesmo no mercado para as cafeteiras.

Vamos lá!

SUBSTITUIR | O QUE PODEMOS SUBSTITUIR?

- **MATERIAIS:** de plástico para aço inoxidável ou cerâmica?
- **FONTE DE ENERGIA:** de elétrica para manual ou solar?

COMBINAR | O QUE PODEMOS COMBINAR?

- Cafeteira com moedor de café embutido.
- Cafeteira com um minifrigorífico para guardar leite ou creme.

ADAPTAR | O QUE PODEMOS ADAPTAR?

- Adicionar um temporizador para programar o café.
- Inserir um filtro de água.

MODIFICAR | O QUE PODEMOS MODIFICAR?

- Cafeteiras menores para uso individual ou maiores para escritórios.
- Cores e designs personalizados.

PROPOR NOVOS USOS | QUAIS NOVOS USOS PODEMOS PROPOR?

- Cafeteira que também faz chá ou chocolate quente.
- Uso da cafeteira como um aquecedor de água.

ELIMINAR | O QUE PODEMOS ELIMINAR?

- Remover o jarro e usar um sistema de dispensação direta.
- Eliminar botões físicos em favor de um painel de toque.

REVERTER/REORGANIZAR | O QUE PODEMOS REVERTER OU REORGANIZAR?

- Um sistema modular onde as peças podem ser trocadas ou atualizadas.
- Reverter o processo para permitir fazer café gelado.

CONCLUSÃO

Nesse caso, o uso do SCAMPER nos ajuda a explorar uma variedade de possíveis inovações para uma cafeteira. Algumas dessas ideias podem ser impraticáveis devido a custos ou tecnologia, mas outras podem ser excelentes pontos de partida para novos produtos ou melhorias nos produtos existentes.

A chave é não se limitar pelas respostas iniciais; o objetivo é gerar o máximo de ideias possível e depois filtrar as mais viáveis e inovadoras.

FERRAMENTA 5:
Flor de Lótus

FICHA TÉCNICA:

Objetivo do processo: ampliar nossa perspectiva sobre o desafio
Número de jogadores: 1 a 6 pessoas
Material necessário: caneta, folha A4
Duração: 15 a 30 minutos

A Flor de Lótus é uma ferramenta de pensamento criativo desenvolvida por Yasuo Matsumura, presidente da *Clover Management Research*. Essa técnica é especialmente útil para desdobrar um problema ou desafio em várias dimensões, permitindo que você explore diversas facetas e possíveis soluções de forma estruturada.

A metáfora da Flor de Lótus é usada para visualizar o processo. Imagine que o problema ou desafio central seja o núcleo da flor. Da mesma forma como usamos a metáfora do bombom e sua embalagem, aqui, cada pétala que se desdobra desse núcleo representa uma dimensão ou aspecto diferente do problema. À medida que você abre mais e mais pétalas, você explora profundamente as várias facetas do problema, permitindo que surjam novas ideias e soluções.

Como funciona na prática?

IDENTIFICAR O PROBLEMA CENTRAL: comece identificando o problema ou desafio que você quer resolver. Escreva isso no centro de uma folha de papel, que servirá como o "núcleo" da sua Flor de Lótus.

PRIMEIRA CAMADA DE PÉTALAS: Em torno do núcleo, escreva 8 aspectos ou dimensões relacionadas ao problema. Essas são as suas primeiras "pétalas".

SEGUNDA CAMADA DE PÉTALAS: para cada uma das 8 pétalas iniciais, você pode criar outras 8 pétalas, explorando aspectos ou subproblemas relacionados.

EXPLORAÇÃO: agora, você tem um diagrama com várias pétalas desdobradas a partir do problema central. Examine cada uma delas para gerar ideias ou soluções específicas.

SÍNTESE: depois de preencher todas as pétalas, dê um passo para trás e observe o quadro geral. Isso pode fornecer *insights* sobre como as diferentes dimensões do problema estão interconectadas e quais soluções são mais viáveis ou inovadoras.

AÇÃO: escolha as ideias mais promissoras para levar adiante, seja para mais análise ou para implementação.

A beleza da técnica da Flor de Lótus é que ela força você a olhar para um problema de múltiplas perspectivas, tornando mais fácil identificar soluções que, inicialmente, talvez não fossem tão óbvias. É uma forma esquematizada e metódica de abordar a criatividade e a resolução de problemas.

A ferramenta é um grande exemplo para que possamos experimentar o processo de divergência de uma forma estruturada e clara e, depois que a Flor de Lótus se abre na sua frente, fica muito mais fácil começar a segunda etapa de convergência, escolhendo os caminhos, os pontos e as diretrizes que você quer seguir para a concepção da sua ideia.

FERRAMENTA 6:
Analogia forçada

FICHA TÉCNICA:

Objetivo do processo: criar formas de conexão através de analogias
Número de jogadores: 1 a 10 pessoas
Material necessário: caneta, folha A4
Duração: 20 a 45 minutos
Presencial e on-line

No jogo da Analogia Forçada, o objetivo é quebrar as barreiras do pensamento convencional e abrir espaço para novas perspectivas. A ideia é quebrar as categorias restritivas que moldam nosso pensamento automático, abrindo espaço para que possamos ver as coisas por um ângulo diferente, permitindo o acesso a novas possibilidades na solução de desafios e na geração de ideias. Essa técnica é especialmente útil quando você está preso em um problema e precisa de uma nova perspectiva para encontrar uma solução.

Como funciona?

1. FASE DE PREPARAÇÃO:

SELEÇÃO DE TEMAS: os participantes selecionam uma variedade de temas, que podem ser objetos, animais, profissões, elementos da natureza etc.

ATRIBUIÇÃO DE CARACTERÍSTICAS: para cada tema escolhido, os participantes listam suas características principais em cartões ou folhas de papel.

Por exemplo, se escolhermos um avião, devemos escrever as qualidades e os atributos do avião em uma folha separada:

> "Um avião voa pelo ar, é capaz de carregar muito peso, move-se ao longo de rotas predefinidas e tem piloto automático como uma de suas funções."

2. FASE DE EXECUÇÃO:

MISTURA E DISTRIBUIÇÃO: os cartões são misturados e distribuídos aleatoriamente entre os participantes.

FORMAÇÃO DE DUPLAS OU GRUPOS: os participantes se dividem em pequenos grupos ou duplas.

DESENVOLVIMENTO DE ANALOGIAS: cada grupo recebe um conjunto de cartões e deve desenvolver analogias relacionadas ao problema ou desafio em questão.

PERGUNTAS-GUIA:

Como o nosso desafio é semelhante a [tema aleatório]?

Como poderíamos solucionar este desafio usando [tema aleatório]?

3. FASE DE CONCLUSÃO:

APRESENTAÇÃO: cada grupo apresenta suas analogias e ideias geradas.

DISCUSSÃO E ANÁLISE: o grupo discute as ideias apresentadas, analisando sua viabilidade e aplicabilidade.

EXEMPLO DE APLICAÇÃO:

Suponhamos que o desafio seja "melhorar a eficiência energética em uma empresa". Um dos cartões aleatórios é "abelha".

PERGUNTA: Como poderíamos solucionar nosso desafio usando os atributos de uma abelha?

RESPOSTA: Assim como as abelhas otimizam o uso de energia ao voarem em rotas eficientes para coletar néctar, a empresa pode otimizar o uso de energia ao implementar rotas eficientes em suas operações logísticas.

Agora, vamos supor que o desafio seja "aumentar a satisfação do cliente em um restaurante". Um dos cartões aleatórios é "biblioteca".

PERGUNTA: Como o nosso desafio é semelhante a uma biblioteca?

RESPOSTA: Assim como uma biblioteca organiza seus livros em seções para facilitar a busca e proporcionar uma experiência agradável aos leitores, o restaurante pode organizar seu menu ou seu espaço físico de maneira que os clientes encontrem facilmente o que procuram e desfrutem de uma experiência gastronômica mais satisfatória.

PERGUNTA: Como poderíamos usar uma biblioteca para resolver nosso desafio?

RESPOSTA: Inspirando-nos no silêncio e na ordem de uma biblioteca, o restaurante poderia criar um ambiente mais tranquilo e bem-sinalizado, onde os clientes possam desfrutar de suas refeições sem interrupções ou confusões, aumentando, assim, a satisfação geral.

A técnica de Analogia Forçada é uma maneira eficaz de explorar novas perspectivas e encontrar soluções inovadoras para problemas complexos.

FERRAMENTA 7:
Grade de ideias

FICHA TÉCNICA:

Objetivo do processo: dispor informações de forma visual e organizada
Número de jogadores: 1 a 6 pessoas
Material necessário: caneta, folha A4
Duração: 20 a 45 minutos

A grade de ideias é uma poderosa ferramenta que permite comprimir grandes quantidades de informações complexas em uma grade fácil de analisar.

Esse jogo foi desenvolvido em 1978 por Richard Vaughan, pesquisador e diretor da *Foote, Cone & Belding*, agência mundialmente reconhecida de publicidade e propaganda.

O primeiro passo é montar a sua grade. Para isso, desenhe em uma folha de papel quatro quadrados, sendo dois um ao lado do outro e outros dois embaixo desses primeiros.

Agora você vai nomear cada um desses quadrados:

ALTO ENVOLVIMENTO	BAIXO ENVOLVIMENTO
Representa a percepção de produtos de alto custo, como: carros, barcos, apartamentos etc.	Representa produtos mais baratos, que usamos no dia a dia, como: produtos domésticos, coisas para ter na geladeira e produtos de limpeza.
PENSAR	**SENTIR**
Representa produtos para os quais o consumidor deseja informações e dados. Por exemplo: automóveis, celular, computadores, câmeras e assim por diante.	Representa produtos que atraem a atenção do consumidor para necessidades e desejos emocionais, como: viagens, produtos de beleza, cosméticos, perfumes etc.

Agora, coloque seu produto na grade pesquisando tanto o produto quanto o seu mercado potencial. Por exemplo:

ALTO ENVOLVIMENTO	BAIXO ENVOLVIMENTO
Um exemplo seria um Tesla Model S, um carro elétrico de luxo. Devido ao seu alto custo e tecnologia avançada, os consumidores geralmente realizam uma pesquisa extensa e consideram o investimento significativo antes da compra.	Um produto como o detergente líquido. É um item de uso diário, com baixo custo e decisão de compra geralmente rápida e com pouca pesquisa.
PENSAR	**SENTIR**
o iPhone se encaixa aqui. Consumidores buscam informações detalhadas sobre especificações, comparações com outros *smartphones* e avaliam a relação custo-benefício antes de fazer uma escolha.	Uma viagem para a Disney é um exemplo que se encaixa nesta categoria. A decisão de ir à Disney está frequentemente ligada a desejos emocionais, como a alegria das crianças ou a nostalgia dos adultos.

Depois que o produto é colocado na grade, você tem uma base poderosa para a geração de ideias. Você pode ler e entender a grade rapidamente, porque a linguagem visual utilizada na colocação é compreendida intuitivamente.

Essa ferramenta é uma espécie de farol que ilumina as brechas do mercado, permitindo antever as possibilidades de inovação de produtos, construir estratégias ou até realinhar o posicionamento de marca ou produto no mercado.

Imagine, por um momento, que você está jogando xadrez (assim como as irmãs Polgár) contra seus rivais de mercado. Com essa ferramenta, você consegue ter uma visão mais ampla do tabuleiro. Assim, mover sua peça para um quadrado adjacente ao seu adversário ou saltar para um canto distante do tabuleiro são movimentos que certamente irão surpreender seu adversário, mas que estão muito claros para você.

A chave para utilizar essa grade de ideias é a simplicidade: ela deve ser capaz de ser condensada em uma única frase poderosa. Uma grade excessivamente complicada é como um mapa sem legenda – confuso e sem utilidade. Considere a grade como um fio condutor, que, ao ligar pontos distintos, forma o tecido da compreensão e da estratégia.

Aqui vai um exemplo real.

Um grande editor se viu diante de uma pergunta que parecia simples, mas que exigia um olhar diferente:

De que maneira podemos criar um livro único sobre jardinagem para crianças de quatro a doze anos?

O caminho óbvio seria seguir o que já existia. Então, ele começou pesquisando seis grandes editoras, usando os métodos de sempre: dados de vendas, questionários, pesquisas de mercado. O diagnóstico foi claro: os principais livros de jardinagem para crianças eram, em sua maioria, manuais ilustrados, simples e com preços acessíveis. Livros funcionais, mas sem muito apelo além do instrutivo.

Ele organizou os resultados em uma grade, classificando-os no quadrante Baixo/Esquerdo – ou seja, baixo envolvimento, voltados mais para o lado racional do que para o emocional.

A partir daí, as opções estavam sobre a mesa:

- **Baixo/Esquerdo:** competir diretamente, criando mais um manual simples e acessível.
- **Alto/Esquerdo:** fazer o oposto e desenvolver uma obra de alto envolvimento e racional, como uma enciclopédia ou guia de referência.
- **Alto/Direito:** investir em alto envolvimento e emoção, como um livro de arte ou um kit com objetos mais sofisticados.
- **Baixo/Direito:** apostar no baixo envolvimento, mas com apelo emocional – algo lúdico, como um livro de colorir ou embalado com pequenos acessórios.

Depois de avaliar cada cenário, ele percebeu que o espaço mais promissor estava no Baixo/Direito – onde a simplicidade se combina com o encantamento.

GRADE DE IDEIAS

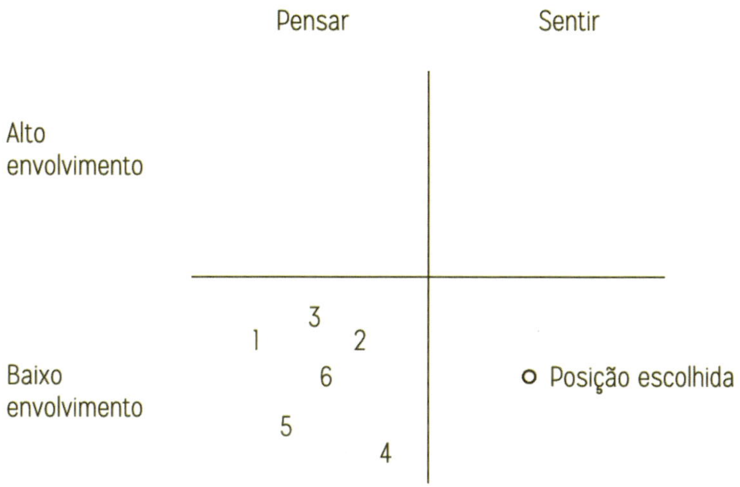

E foi ali, ao observar o mapa e procurar pelas lacunas, que encontrou sua resposta.

A ideia estava ali o tempo todo, esperando para ser colhida. Como uma flor boiando silenciosa numa tigela. Explorando lacunas no mercado, surgiu a ideia vencedora: "Cultivando sopa de vegetais", um livro interativo que guia a criança desde o plantio até a preparação de uma sopa, culminando em uma experiência tanto educativa quanto saborosa. O resultado? Um sucesso de vendas.

Dessa forma, usando a grade, você consegue analisar o contexto, do qual já falamos anteriormente, e, a partir disso, identificar oportunidades com o direcionamento de qual caminho seguir para a construção da sua ideia.

FERRAMENTA 8:
Concepção heurística

FICHA TÉCNICA:

Objetivo do processo: gerar novas ideias
Número de jogadores: 1 a 10 pessoas
Material necessário: caneta, folha A4
Duração: 20 a 30 minutos

A Concepção Heurística é um jogo do qual, particularmente, sou muito fã.

Antes de explicar como usar essa ferramenta, vou explicar rapidamente sobre o termo heurística. A heurística é como se fosse um atalho mental. É uma forma de encontrar soluções complexas de maneira simplificada, facilitando a escolha e a decisão.

Imagine que a heurística é uma bússola interna que ajuda você a navegar por um vasto oceano de decisões. Em vez de calcular a rota exata, essa bússola aponta para a direção geral que você deve seguir, baseada na sua experiência e intuição.

Por exemplo, um capitão de navio experiente pode não saber a posição exata de todos os recifes de coral, mas ele conhece os sinais que indicam a possibilidade de perigo e ajusta o curso de acordo com esses sinais.

Outro exemplo disso pode ser encontrado no mundo da medicina. Um médico em um pronto-socorro é confrontado com um paciente que apresenta sintomas de várias condições patológicas possíveis. Em vez de realizar todos os testes possíveis, o que seria demorado e caro, o médico usa heurísticas, como regras de decisão clínica, para identificar os sintomas mais críticos e fazer um julgamento rápido sobre o que é mais provável. Isso permite um tratamento imediato e eficaz, salvando tempo e recursos, e, muitas vezes, a vida do paciente.

Em termos simples, as heurísticas são reconhecidas por potencializar a eficácia na resolução de problemas, sobretudo em situações nas quais a busca pela solução é complicada pela natureza do problema ou por restrições de tempo, recursos ou qualquer outra questão.

Para aplicar a concepção heurística, é necessário usar uma matriz para gerar novas ideias ou novas abordagens para uma solução.

Essa técnica tem três princípios:

1. Pode-se gerar uma ideia a partir da combinação de características de uma ideia já existente.
2. É possível entender melhor uma nova ideia ao descrever suas duas características essenciais.
3. Quanto mais inusitada ou surpreendente for a combinação das características, mais forte tende a ser a ideia.

Para começar, os participantes precisam definir duas categorias de características para montar a sua matriz.

Por exemplo, digamos que a Perestroika queira entrar no mundo dos brinquedos infantis. Para isso, vamos definir como característica 1 o tipo de brinquedo: carrinhos, bonecas, quebra-cabeças, massinha de modelar. E como característica 2 o tipo de jogo: corrida, construção, simulação, pintar.

Com isso, podemos montar as bases da nossa matriz.

A partir de agora, basta combinar linhas e colunas e ver no que dá.

Exemplos:

1. **CORRIDA E VEÍCULOS:** um autorama.
2. **SIMULAÇÃO E BONECOS:** miniatura das crianças em 3D.
3. **CONSTRUÇÃO E VEÍCULOS:** carros desmontáveis que podem ser remontados formando dois novos veículos.
4. **CORRIDA E QUEBRA-CABEÇAS:** um quebra-cabeça de velocidade.
5. **PINTURA E VEÍCULOS:** um carro que solta tinta e faz imagens estilo Banksy.

E assim por diante. Conforme vamos combinando e imaginando ideias, evoluímos até perceber que é possível cruzar duas linhas com duas colunas.

Por exemplo: corrida, simulação, bonecos e quebra-cabeças – criar um jogo onde tudo se monta, desde o tabuleiro até os peões que simulam uma corrida de carros.

Depois de algumas combinações feitas, é fundamental definir de uma a três para serem prototipadas e para tornar possível explorar suas possibilidades de execução.

A ferramenta da concepção heurística é muito simples e, ao mesmo tempo, extremamente poderosa.

IDEIAS DE BRINQUEDOS	VEÍCULOS	QUEBRA-CABEÇA	BONECOS
CORRIDA			
CONSTRUIR			
SIMULAÇÃO			
PINTURA			

FERRAMENTA 9:
Cartilha de teste

FICHA TÉCNICA:

Objetivo do processo: validação de ideias
Número de jogadores: pode ser feito individualmente ou em grupos de três pessoas por cartilha
Material necessário: cartilha impressa e caneta
Duração: 15 a 30 minutos

A cartilha de teste e a cartilha de aprendizado (última ferramenta do livro) foram criadas pela mesma empresa, a Strategyzer. Por isso, além de dar os créditos para quem desenvolveu essas ferramentas, é muito importante falar rapidamente sobre a empresa e seu fundador.

A empresa foi fundada pelo Dr. Alexander (Alex) Osterwalder, considerado um dos especialistas em inovação mais influentes do mundo. Osterwalder ficou conhecido mundialmente por simplificar o processo de desenvolvimento de estratégia e transformação de conceitos complexos em modelos visuais digeríveis. Foi ele quem inventou o *Business Model Canvas*, o *Value Proposition Canvas* e o *Business Portfolio Map* – ferramentas práticas nas quais milhões de profissionais de negócios de empresas líderes globais confiam.

Agora, podemos entender como funciona essa cartilha.

Basicamente, a cartilha de teste é útil para os seguintes pontos:

1. Entender o que precisa ser verdadeiro para que sua(s) ideia(s) funcione(m) (também conhecida como hipótese ou suposição).
2. Criar o plano de teste dessa hipótese, para ver se é verdadeira ou falsa.
3. Definir o que você vai medir para validar ou invalidar essa sua hipótese.
4. Definir quais são as métricas de sucesso dessa ideia.
5. Estabelecer limites: tempo, dinheiro e outros.

O que eu mais gosto tanto na cartilha de teste quanto na cartilha de aprendizado é que elas são muito intuitivas e simples de usar. Basicamente, você só precisa responder as perguntas que estão nelas.

E estas são as perguntas:

PASSO 0: precisamos dar nome ao nosso teste. Digamos que a Perestroika esteja montando uma plataforma de comunidade para seus alunos, então vamos testar a ferramenta "Discord".

Nome: Comunidade Perestroika no Discord

Designado para: alunos, ex-alunos e professores

Em seguida, temos que definir prazo e duração desse teste. Aqui podemos colocar como prazo indeterminado e duração de três meses.

CARTILHA DE TESTE

Nome do teste
Comunidade Perestroika no Discord
Responsável
Alunos, ex-alunos e professores
Prazo final
Indeterminado
Duração
3 meses

Então, chegamos ao **PASSO 1**, que é definir nossa hipótese: criar uma comunidade para conectar e engajar alunos, ex-alunos e professores da nossa rede.

Agora, note que nesse quadrante, abaixo e à direita, temos três ícones. Aqui, precisamos circular um deles de acordo com o nível de importância que essa hipótese tem para nós. No nosso caso, isso é muito importante, por isso vou circular a maior imagem.

PASSO 1: Hipótese
ACREDITAMOS QUE...

Criar uma comunidade para conectar e engajar alunos, ex-alunos e professores da nossa rede.

FUNDAMENTAL:

PASSO 2: Teste. Hora de responder a essa pergunta. Para verificar essa hipótese, vamos: "Lançar essa comunidade para um grupo menor, convidando-os para serem *beta testers* e ver como a comunidade vai se comportar dentro do Discord". Como trata-se de um teste simples, vamos circular o menor ícone referente ao valor investido e o maior ícone referente a nossa taxa de confiabilidade, afinal nós mesmos vamos coletar os dados.

PASSO 2: Teste
PRA VERIFICAR ISSO VAMOS...

Lançar essa comunidade para um grupo menor, convidando-os para serem *beta testers* e ver como a comunidade vai se comportar dentro do Discord.

CUSTO DO TESTE: $ $ $

CONFIABILIDADE DOS DADOS:

PASSO 3: chegou a hora de definir métricas; então, respondemos e mediremos isso da seguinte forma: a cada mês vamos analisar o número de interações e, no final de três meses, deve ter um aumento mínimo de 30%.

Note que temos no quadrante três ícones e as palavras "tempo necessário": também precisamos circular o tempo para atingirmos essas métricas. Nesse caso, considerei ser um tempo médio de três meses.

PASSO 3: Métrica
E MENSURAR...

A cada mês vamos analisar o número de interações e, no final de três meses, deve ter um aumento mínimo de 30%.

TEMPO NECESSÁRIO:

E, por fim, chegamos ao **PASSO 4**, no qual vamos estabelecer os critérios para esse teste: estaremos certos se a comunidade fluir de forma natural e se mais pessoas nos procurarem para entrar a convite das pessoas que já fazem parte dela.

PASSO 4: Critérios
ESTAREMOS CERTOS SE...

Estaremos certos se a comunidade fluir de forma natural e se mais pessoas nos procurarem para entrar a convite das pessoas que já fazem parte dela.

Pronto! Viu como é simples? Porém, nada simplório. Em apenas uma página, com quatro perguntas, conseguimos ver de forma clara o nosso desafio, assim como dar os devidos encaminhamentos para medir o sucesso daquele plano.

Porém, como estou falando de teste, temos que estar prontos para que as coisas não funcionem; afinal, isso faz parte do processo.

Por isso, a próxima e última ferramenta deve andar de mãos dadas com a cartilha de teste. Estou falando da cartilha de aprendizado.

CARTILHA DE TESTE

Nome do teste
Comunidade Perestroika no Discord

Responsável
Alunos, ex-alunos e professores

Prazo final
Indeterminado

Duração
3 meses

PASSO 1: Hipótese
ACREDITAMOS QUE...

Criar uma comunidade para conectar e engajar alunos, ex-alunos e professores da nossa rede.

FUNDAMENTAL:

PASSO 2: Teste
PRA VERIFICAR ISSO VAMOS...

Lançar essa comunidade para um grupo menor, convidando-os para serem *beta testers* e ver como a comunidade vai se comportar dentro do Discord.

CUSTO DO TESTE:

CONFIABILIDADE DOS DADOS:

PASSO 3: Métrica
E MENSURAR...

A cada mês vamos analisar o número de interações e, no final de três meses, deve ter um aumento mínimo de 30%.

TEMPO NECESSÁRIO:

PASSO 4: Critérios
ESTAREMOS CERTOS SE...

Estaremos certos se a comunidade fluir de forma natural e se mais pessoas nos procurarem para entrar a convite das pessoas que já fazem parte dela.

FERRAMENTA 10:
Cartilha de aprendizado

FICHA TÉCNICA:

Objetivo do processo: colher aprendizado a partir dos testes
Número de jogadores: pode ser feito individualmente ou em grupos de três pessoas por cartilha
Material necessário: cartilha impressa e caneta
Duração: 15 a 30 minutos

Sempre gosto de reforçar que, no universo criativo, PRECISAMOS estar confortáveis com os erros e as falhas. Até porque seria muito estranho tudo dar sempre certo quando estamos experimentando algo novo.

É praticamente impossível acertarmos 100% das vezes. Logo, as coisas vão dar errado em algum momento. Nossos testes irão falhar e não podemos ver isso como se fosse o fim do mundo. Afinal, precisamos estar prontos para isso.

Então, já que não podemos garantir o sucesso de todas as nossas ideias, precisamos buscar algo de positivo toda vez que experimentamos uma ideia. E sabe o que sempre acontece depois que você testa algo? Sempre vai ter algum tipo de APRENDIZADO, desde que você esteja focado, atento e aberto para isso.

Seria praticamente inútil conduzir experimentos e testar ideias se não aprendêssemos com elas. E, claro, depois de aprender, tentar novamente e agir de acordo com os insights obtidos.

É por isso que a Strategyzer inventou a cartilha de aprendizado: para capturar sistematicamente seus aprendizados e tornar explícitas as decisões e ações resultantes. Essa cartilha de aprendizado anda de mãos dadas com a cartilha de teste, ferramenta que vimos anteriormente. Com ela, você conseguirá capturar os insights de seus experimentos e transformá-los em aprendizados acionáveis a partir de quatro etapas.

Por isso, recomendo usar essas duas ferramentas combinadas, pois dessa forma você conseguirá dar um *boost* em seus experimentos e elas ainda ajudarão você a encontrar o modelo de negócios e a proposta de valor certos para sua ideia.

Isto posto, quero apresentar a cartilha de aprendizado.

Diferentemente da cartilha de teste, a cartilha de aprendizado não se preenche pelo começo, o começo é preenchido no fim, pois começamos a responder a partir da retomada da hipótese.

Então vamos lá!

PASSO 1: acreditávamos que criar uma comunidade para conectar e engajar alunos, ex-alunos e professores da nossa rede seria uma boa ideia.

PASSO 1: Hipótese
ACREDITÁVAMOS QUE...

Acreditávamos que criar uma comunidade para conectar e engajar alunos, ex-alunos e professores da nossa rede seria uma boa ideia.

PASSO 2: aqui você precisa descrever suas observações. No nosso caso poderia ser: observamos que a comunidade teve uma boa receptividade das pessoas, mas, com o passar do tempo, o engajamento foi caindo.

Note que no canto inferior direito do Passo 2 temos: confiabilidade dos dados. Isso serve para escolhermos o quanto estamos seguros quanto à veracidade dessas informações. No nosso caso, como se trata de uma análise quantitativa, a confiabilidade é bem alta. Logo, circulamos o maior ícone.

PASSO 2: Observação
OBSERVAMOS...

Observamos que a comunidade teve uma boa receptividade das pessoas, mas, com o passar do tempo, o engajamento foi caindo.

CONFIABILIDADE DOS DADOS:

PASSO 3: agora chegamos aos aprendizados e insights. Perceba que, quando preenchemos isso a partir de dados e fatos, como no nosso caso, fica mais fácil e claro. Não estamos aprendendo a partir de pontos de vista nem mesmo de opinião. A nossa resposta poderia ser: um dos aprendizados foi que, para o engajamento continuar acontecendo, nós, guardiões da comunidade, precisamos atuar de forma ativa, estimulando a troca entre as pessoas. Da mesma forma, como no passo anterior, conseguimos ver que no canto inferior direito temos escrito: ação necessária, o que nos ajuda a avaliar o quanto de peso acreditamos ter esse aprendizado.

PASSO 3: Aprendizados e insights
DISSO APRENDEMOS QUE...

Um dos aprendizados foi que, para o engajamento continuar acontecendo, nós, guardiões da comunidade, precisamos atuar de forma ativa, estimulando a troca entre as pessoas.

AÇÃO NECESSÁRIA:

PASSO 4: por fim, chegamos ao ponto 4, que é transformar as decisões em ações. Logo, temos que responder: portanto, iremos designar uma pessoa diferente do time a cada mês para ser a ativadora da comunidade. Cada pessoa vai ativar a comunidade da maneira que achar melhor e depois de três meses vamos avaliar o resultado disso.

PASSO 4: Decisões e ações
PORTANTO, IREMOS...

Portanto, iremos designar uma pessoa diferente do time a cada mês para ser a ativadora da comunidade. Cada pessoa vai ativar a comunidade da maneira que achar melhor e depois de três meses vamos avaliar o resultado disso.

Note que, a partir dessa última decisão, abro espaço para preencher novamente a cartilha de teste. Afinal, estou com uma nova hipótese e faz todo sentido preencher a cartilha para estruturar melhor essa hipótese.

Assim, você segue nesse *loop* contínuo de **TESTAR E APRENDER, TESTAR E APRENDER**, até internalizar que, na verdade, deve ser **TESTAR PARA APRENDER.**

CARTILHA DE APRENDIZADO

Nome do teste
Comunidade Perestroika no Discord

Responsável
Alunos, ex-alunos e professores

Prazo final
Indeterminado

Duração
3 meses

PASSO 1: Hipótese
ACREDITÁVAMOS QUE...

Acreditávamos que criar uma comunidade para conectar e engajar alunos, ex-alunos e professores da nossa rede seria uma boa ideia.

PASSO 2: Observação
OBSERVAMOS...

Observamos que a comunidade teve uma boa receptividade das pessoas, mas, com o passar do tempo, o engajamento foi caindo.

CONFIABILIDADE DOS DADOS:

PASSO 3: Aprendizados e insights
DISSO APRENDEMOS QUE...

Um dos aprendizados foi que, para o engajamento continuar acontecendo, nós, guardiões da comunidade, precisamos atuar de forma ativa, estimulando a troca entre as pessoas.

AÇÃO NECESSÁRIA:

PASSO 4: Decisões e ações
PORTANTO, IREMOS...

Portanto, iremos designar uma pessoa diferente do time a cada mês para ser a ativadora da comunidade. Cada pessoa vai ativar a comunidade da maneira que achar melhor e depois de três meses vamos avaliar o resultado disso.

E esse foi o último jogo do livro.

O principal objetivo aqui é mudar a forma como você se relaciona com ferramentas criativas daqui para a frente. Meu convite é que você passe a ver essas 10 técnicas que compartilhei como aliadas, guias, bússolas que vão ajudar você na condução da evolução do seu pensamento criativo.

Note que optei por trazer jogos variados, uns mais focados em geração de ideias, outros em análise de contexto, alguns ligados a convergência e divergência, assim como a cartilha de teste e a cartilha de aprendizado.

A partir de agora, sinta-se convidado(a) a explorar combinações de ferramentas e fazer a roda girar.

Espero que alguma ou várias delas possam ser úteis para você.

CAPÍTULO 9

TUDO ESTÁ CONECTADO

TUDO ESTÁ CONECTADO

Muito bem, chegamos ao capítulo final do livro. Espero que esteja animado com isso, afinal, você está saindo dessa experiência melhor do que entrou.

Eu gosto muito do título deste capítulo e repito constantemente essa frase. E quando digo isso, não estou me referindo apenas à conexão das redes sociais. Estou querendo dizer que TUDO MESMO está conectado.

Tem um senhor que eu admiro muito, ele se chama Satish Kumar, e, para quem não conhece, é um escritor, professor e ativista. Satish Kumar foi um monge jainista, defensor do desarmamento nuclear e pacifista. Ele marchou ao lado do Dr. Martin Luther King Jr., em sua luta contra o racismo.

Junto de seu amigo E. P. Menon, em 1962, fez uma caminhada pela paz por mais de 15 mil quilômetros durante dois anos e meio, saindo de Nova Delhi, passando por Moscou, Paris, Londres e Washington. Se eu fosse colocar Satish dentro do universo criativo, ele certamente receberia a faixa vermelha. Afinal, estamos falando de um ser humano excepcional.

E olha só que legal a visão dele sobre a relação entre professor e aluno:

> A relação entre professor e aluno é baseada na confiança e no respeito. Quando um professor está ensinando, também está aprendendo. Quando um aluno está aprendendo, também está ensinando. Professor e aluno fazem uma viagem pelo desconhecido. Nessa viagem, o conhecimento fixo não é importante. O que é fundamental é o companheirismo. É uma viagem de aventura. O professor depende do aluno, tanto quanto o aluno depende do professor.

Viu só? Tudo está conectado!

E aqui estou eu com Satish, em 2020, depois de ir até a Schumacher College, no interior da Inglaterra, para fazer um curso com ele e outros grandes mestres, cinco anos depois de tê-lo conhecido. O curso se chamava "Cocriando futuros emergentes".

Ao ver essa foto, algumas pessoas costumam dizer brincando: "Olhe para a sua esposa ou marido como o Jean olha para o Satish".

Nessa ocasião, tive a oportunidade de aprender muitas coisas interessantes, e queria destacar algo chamado "quatro formas de conhecimento".

Todos nós, seres humanos, temos quatro tipos diferentes de conhecimento: o cognitivo, o intuitivo, o emocional e o corporal.

Conhecimento cognitivo é o termo usado para se referir à capacidade de adquirirmos conhecimento. Aqui estamos falando de assuntos mais técnicos e racionais.

Por conhecimento intuitivo nos referimos às formas de conhecimento imediato, que não vêm de processos racionais e conscientes, ou seja, eles são obtidos sem análise prévia, que seria basicamente tomarmos decisões a partir do nosso sexto sentido.

Já o conhecimento emocional está diretamente relacionado ao que sentimos, nossas emoções e sensações. Temos, inclusive, algumas bibliografias sobre o tema, como o clássico *Inteligência emocional*, de Daniel Goleman.

E, por fim, o conhecimento corporal, que nada mais é do que permitir e ouvir todas as informações que o nosso corpo nos passa. Geralmente, pensamos com a cabeça, cognitivamente, e depois agimos com o corpo; mas a sugestão é permitirmos que o inverso também aconteça, pensarmos com o corpo e tomarmos decisões a partir disso.

Essa visão mais ampla já é interessante, mas aí ele começou a desenhar no quadro, mostrando algumas conexões entre esses conhecimentos. Por exemplo, o intuitivo está muito ligado ao corporal, afinal, muitas vezes percebemos que estamos nervosos quando notamos nossas mãos transpirando. E o mais legal foi quando ele disse que, na verdade, existe um esquema em forma de flor que representa isso (veja a figura a seguir). A essa altura, ele começou a mostrar que tanto o conhecimento cognitivo quanto o intuitivo, assim como o emocional e o corporal, se conectam uns aos outros.

Não tem como serem separados. Existe uma relação direta entre todos os tipos de saberes e, quando nos permitimos aceitar isso, quando nos permitimos acessar esses quatro tipos de conhecimento, eles operam juntos e se potencializam, de forma a aumentarmos nossa capacidade de aprender coisas novas.

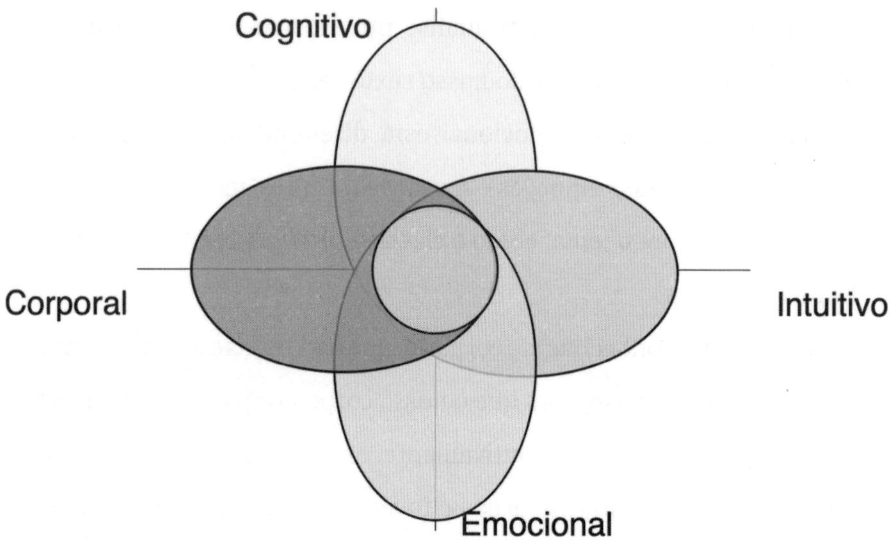

Achei isso muito interessante.

Conseguiu ver a flor?

Seth Godin, autor americano e ex-executivo de algumas empresas digitais, tem um raciocínio bem interessante a esse respeito. A Lógica da Catraca sugere que, assim como uma catraca permite apenas o avanço e impede o retorno, a sociedade segue um caminho semelhante com relação à adoção de tecnologias e práticas sociais. Uma vez que uma nova tecnologia é integrada, como os livros substituindo os pergaminhos, ela se torna a norma e o antigo método raramente é retomado. A instalação do ar-condicionado se torna uma conveniência permanente, e itens como discos de vinil e navalhas, embora possam se tornar objetos de nostalgia, deixam de ser essenciais no cotidiano, cedendo lugar a novas invenções.

Esse fenômeno não se limita apenas a *gadgets* e conveniências, mas também se estende a avanços sociais. Direitos civis, uma vez conquistados, como o sufrágio feminino, tornam-se pilares inabaláveis da sociedade. A demanda por recursos como eletricidade e conectividade à Internet tende a crescer exponencialmente após sua introdução inicial, criando um ciclo autoalimentado de necessidade e inovação.

Em resumo, a sociedade avança em uma direção progressiva, na qual a adoção de novas tecnologias e a expansão de direitos civis raramente são revertidas, assim como a catraca que gira apenas em um sentido, sempre avançando.

E é dessa forma que eu gostaria de finalizar este livro, convidando você a refletir sobre isso: fazendo parte dessa catraca de evolução criativa, onde a única direção possível é a da sua própria evolução.

No âmbito criativo, você não vai retroceder ao terminar esta leitura. Na pior das hipóteses, pode estagnar se decidir não seguir experimentando e aplicando os conceitos e ferramentas apresentados aqui. Mas retroceder é praticamente impossível. Assim como a catraca, uma vez que a evolução do pensamento criativo é adotada, raramente é abandonada. Afinal, tudo está conectado.

E em um mundo cada vez mais conectado, quanto mais a gente mexe na teia, mais a teia se mexe.

Por isso, não permita que o seu movimento, a sua evolução, venha a partir do movimento dos outros. Esteja você no controle. Seja você a pessoa responsável por fazer essa roda girar ou fazer essa teia balançar.

Esperar que algo de diferente aconteça em sua vida sem agir é o mesmo que esperar por ajuda sem pedir. Aliás, até para pedir ajuda precisamos nos movimentar, sair da inércia.

Tudo está conectado.

Não se esqueça de que o seu futuro não se define por decisão, se define por CONSTRUÇÃO.

Decidir ter um futuro melhor não basta. Decidir que quer se tornar uma pessoa criativa não é o suficiente. É preciso construir essa transformação. E essa construção é diária.

A cada hábito criado, atitude, experimentação, ferramenta, coisas das quais decidimos abrir mão e outras que optamos por priorizar, tudo isso são pequenos tijolos que vão sendo incorporados a essa construção.

Ahhh... e se você está construindo já pensando no fim, cuidado! É possível que essa construção nunca fique pronta; afinal, nossa marcha atlética é infinita. Não é sobre acelerar, e sim sobre não parar.

Tudo está conectado.

E, se isso fizer sentido para você, tudo seguirá conectado, porque, como diria o grupo Fundo de Quintal, o show tem que continuar :).

RECADOS FINAIS

Antes de encerrar este livro, quero falar sobre três palavrinhas muito importantes para mim: liberdade, humildade e ação.

Existe um provérbio chinês que diz: "Quando os ventos da mudança sopram, uns levantam muros, outros constroem moinhos de vento".

Eu gosto muito desse ditado, pois ele está alinhado à forma como escolhi ver o mundo.

Para mim, a criatividade nos ajuda a construir moinhos de ventos SIM. Mas, mais do que isso, ela nos liberta para que possamos nos sentir capazes de construí-los. E isso é muito poderoso!

Quando desenvolvemos nosso pensamento criativo, começamos a nos aventurar em territórios diferentes, vemos oportunidades, geramos possibilidades, aceitamos os erros, aprendemos com eles, chegamos a novas soluções e conclusões, tanto para a nossa vida pessoal quanto profissional.

Isso, para mim, é LIBERDADE.

Em um dos meus momentos de reflexão, cheguei à conclusão de que a humildade é a base do aprendizado, pois ela afasta a arrogância. É comum as pessoas misturarem autoconfiança com arrogância, o que é compreensível. No entanto, o inverso é um equívoco: achar que a falta de confiança é igual a humildade. Se olharmos para a origem da palavra humildade, ela vem de *humus*, que significa terra. Ser humilde é estar com os pés no chão, consciente de nossas falhas, mas isso não tem nada a ver com a falta de confiança.

É crucial sermos humildes, mas também é crucial sermos confiantes, acreditando em nossas habilidades enquanto reconhecemos nossas limitações. Esse reconhecimento nos leva a questionar e reavaliar nossas ações e crenças, abrindo caminho para novas descobertas.

O verdadeiro aprendizado só acontece quando admitimos nossa ignorância.

Imagine que você é uma pessoa que tem facilidade com números e domina o Excel, por exemplo. Você consegue criar tabelas incríveis, domina todas as fórmulas e se sente muito confortável usando aquele programa. Agora, digamos que você tem a oportunidade de aprender sobre um novo programa, digamos, o ChatGPT. Você pode se aproximar dessa nova experiência de duas maneiras: com arrogância, pensando que já sabe tudo sobre números e Excel e que usar o ChatGPT será "moleza", ou com humildade, reconhecendo que, apesar de sua habilidade com o Excel, o ChatGPT é um novo território para você.

A humildade confiante entra em cena quando reconhecemos que temos a capacidade de aprender o ChatGPT, mas não subestimamos o processo de aprendizado. Estamos confiantes em nossa habilidade de aprender, não no conhecimento que já possuímos sobre ele, que é quase nulo. Praticamos, erramos, ajustamos e continuamos, sempre com a mente aberta para novas técnicas e modelos, sabendo que cada erro é uma etapa no caminho do aprendizado.

É com esse espírito de "humildade confiante" que convido você a levar o que aprendeu aqui para a sua vida. Não se apegue ao que você já sabe; esteja confiante em sua capacidade de aprender e crescer. O conhecimento que você tem agora é valioso, mas o que você está prestes a aprender daqui para a frente pode ser transformador. Então, abra sua mente e esteja pronto a expandir seus horizontes. Afinal, a vida é um eterno aprendizado, e cada página deste livro foi uma nova oportunidade para você evoluir.

Foi assim que eu me desenvolvi pessoal e profissionalmente, e foi assim que me senti apto a escrever estas páginas. Pode parecer paradoxal, mas a vida é um processo de aprendizado constante, fluido e vivo. E, para navegar por ele, precisamos ser humildes com confiança.

A partir de agora, quando você for tentar algo diferente, quando for empurrar a roda do seu pensamento criativo, é possível que você sinta medo, frio na barriga ou desconforto. E isso faz parte! Mas não se esqueça de que, na verdade, nós não temos medo de mudar, nós temos medo de perder.

Você não se importa em mudar de caminho para o trabalho, você se importa se, ao fizer isso, se atrasar para a reunião. Você não vê problema em mudar de fornecedor, você se preocupa em perder a qualidade do serviço.

Você não vai ter medo de usar uma ferramenta aprendida no curso, vai temer que o resultado frustre suas expectativas.

Se você perder R$ 100, a quantidade de infelicidade que essa perda lhe custará será muito maior do que a felicidade que teria se ganhasse R$ 100.

Parece loucura, né?

Do ponto de vista emocional, é empiricamente comprovado que perder algo "pesa" cerca de duas vezes mais do que ganhar algo na mesma proporção. A ciência chama isso de aversão à perda.

Por isso, na hora de tomar uma decisão importante, na hora de experimentar desenvolver seu pensamento criativo, não se esqueça: não temos medo de mudar, temos medo de perder. Lembrar isso pode ajudar a ponderar melhor suas escolhas e guiar seu processo de evolução.

E, por fim, lembre-se: conhecimento adquirido é muito importante, mas só isso não basta. Você não é pago por aquilo que sabe, e sim por aquilo que FAZ com o que sabe. E, para deixar um legado verdadeiro, você precisa FAZER algo com todo o conhecimento que tem.

De nada adiantará finalizar a leitura deste livro, ter feito todos os desafios se, quando voltar para a sua rotina, quando encarar os desafios diários e reais, você não fizer nada diferente.

Transforme essas informações em ações e tente encaixá-las, de alguma forma, em sua vida, perguntando:

1. Como posso usar isso?
2. Por que deveria usar?
3. Quando posso começar a usar?

Dessa forma, você conseguirá criar o seu plano de AÇÃO.

Quando estudamos, entendemos. Quando praticamos, aprendemos. Simples assim. Não se esqueça de praticar tudo o que estudou aqui. Combinado?

Executar, testar e interagir com o conteúdo é o que fará você aprender de verdade.

Você pode me encontrar nas redes sociais como @JEANROSIER, meu LinkedIn é JEAN PHILIPPE ROSIER. Vamos seguir juntos transformando a maneira como encaramos a criatividade, sempre buscando a evolução do nosso pensamento criativo.